无障碍环境建设条例释义

WUZHANGAI HUANJING
JIANSHE TIAOLI
SHIYI

国务院法制办公室
住房和城乡建设部 /编著
工业和信息化部
中国残疾人联合会

华夏出版社
HUAXIA PUBLISHING HOUSE

图书在版编目（CIP）数据

无障碍环境建设条例释义/国务院法制办公室等编著.
—北京：华夏出版社，2012.7（2013.1 重印）
ISBN 978-7-5080-7093-3

Ⅰ.①无… Ⅱ.①国… Ⅲ.①残疾人-城市道路-城市建设-条例-注释-中国 ②残疾人-城市公用设施-城市建设-条例-注释-中国 ③残疾人住宅-城市建设-条例-注释-中国 Ⅳ.①D922.182.35

中国版本图书馆 CIP 数据核字（2012）第 159667 号

无障碍环境建设条例释义

编　　著	国务院法制办公室　住房和城乡建设部
	工业和信息化部　中国残疾人联合会
责任编辑	贾洪宝
封面设计	聪　聪
出版发行	华夏出版社
经　　销	新　华　书　店
印　　装	三河市李旗庄少明印装厂
版　　次	2012 年 7 月北京第 1 版　2013 年 1 月北京第 3 次印刷
开　　本	720×1030　1/16 开本
印　　张	14.75
字　　数	260 千字
定　　价	32.00 元

华夏出版社　社址：北京市东直门外香河园北里 4 号
邮编：100028　网址：www.hxph.com.cn
投稿互动：hxkwyd@yahoo.com.cn　010-64672903
若发现本版图书有印装质量问题，请与我社营销中心联系调换。

《无障碍环境建设条例释义》编委会

主　任

甘藏春　陈大卫
刘利华　王新宪

主　编

王新宪

编　委

吕世明　薄绍晔　丁　峰
刘　灿　韩　夏　贾午光
马国馨　周文麟　祝长康
黎建飞　陶文忠　陈　光

撰稿人

薄绍晔　丁　峰　彭高建
胡传海　张东旺　毕英达
曾　颖　张　薇　倪　洋

前　言

2012年6月28日，国务院总理温家宝签署第622号国务院令，发布《无障碍环境建设条例》（以下简称《条例》），自2012年8月1日起施行。《条例》的公布施行，对科学、规范、系统地推动我国无障碍环境建设工作，提高我国城乡现代化建设水平，保障残疾人等社会成员充分参与社会生活、共享社会物质文化成果的权利，促进社会文明进步，都具有重要意义。

为配合做好《条例》的学习、宣传和贯彻落实工作，国务院法制办公室、住房和城乡建设部、工业和信息化部、中国残疾人联合会共同组织编写了《无障碍环境建设条例释义》。本书对《条例》的条文进行了逐条解释，并对国内外相关法律制度、政策以及相关背景情况作了说明。同时，本书还附有相关重要文件、法律、法规和国际公约。如有疏漏和不当之处，恳请读者批评指正。

本书编委会

2012年8月

目 录

第一编 《无障碍环境建设条例》文本

 中华人民共和国国务院令 …………………………………… (3)

 《无障碍环境建设条例》 ……………………………………… (4)

第二编 《无障碍环境建设条例》释义

 第一章 总 则 ……………………………………………… (11)

 第二章 无障碍设施建设 …………………………………… (24)

 第三章 无障碍信息交流 …………………………………… (35)

 第四章 无障碍社区服务 …………………………………… (44)

 第五章 法律责任 …………………………………………… (48)

 第六章 附 则 ……………………………………………… (55)

 国务院法制办

  就《无障碍环境建设条例》答记者问 ………………… (56)

第三编 相关政策法律法规

 中共中央国务院关于促进残疾人事业发展的意见 ………… (61)

 残疾人保障法 ………………………………………………… (69)

 老年人权益保障法 …………………………………………… (81)

 道路交通安全法（节选） …………………………………… (88)

 防震减灾法（节选） ………………………………………… (89)

 建设工程质量管理条例 ……………………………………… (90)

 城市道路管理条例 …………………………………………… (103)

 政府信息公开条例 …………………………………………… (110)

 中国残疾人事业"十二五"发展纲要 ……………………… (118)

无障碍建设"十二五"实施方案 …………………………………（147）
关于加快推进残疾人社会保障体系
　　和服务体系建设的指导意见（节选）……………………（151）

第四编　相关国际文献

残疾人权利公约 ………………………………………………（155）
关于残疾人的世界行动纲领（摘要）………………………（182）
残疾人机会均等标准规则 ……………………………………（204）

第一编

《无障碍环境建设条例》
文　本

中华人民共和国国务院令

第 622 号

《无障碍环境建设条例》已经 2012 年 6 月 13 日国务院第 208 次常务会议通过，现予公布，自 2012 年 8 月 1 日起施行。

总理　温家宝

二〇一二年六月二十八日

无障碍环境建设条例

2012年6月13日国务院第208次常务会议通过

自2012年8月1日起施行

第一章 总 则

第一条 为了创造无障碍环境，保障残疾人等社会成员平等参与社会生活，制定本条例。

第二条 本条例所称无障碍环境建设，是指为便于残疾人等社会成员自主安全地通行道路、出入相关建筑物、搭乘公共交通工具、交流信息、获得社区服务进行的建设。

第三条 无障碍环境建设应当与经济和社会发展水平相适应，遵循实用、易行、广泛受益的原则。

第四条 县级以上人民政府负责组织编制无障碍环境建设发展规划并组织实施。

编制无障碍环境建设发展规划，应当征求残疾人组织等社会组织的意见。

无障碍环境建设发展规划应当纳入国民经济和社会发展规划以及城乡规划。

第五条 国务院住房和城乡建设主管部门负责全国无障碍设施工程建设活动的监督管理工作，会同有关部门制定无障碍设施工程建设标准，并对无障碍设施工程建设情况实施监督检查。

国务院工业和信息化主管部门等有关主管部门在各自职责范围内，做好无障碍环境建设工作。

第六条 国家鼓励、支持采用无障碍通用设计的技术和产品，推进残疾人专用的无障碍技术和产品的开发、应用和推广。

第七条 国家倡导无障碍环境建设理念，鼓励公民、法人和其他组织为无障碍环境建设提供捐助和志愿服务。

第八条 对在无障碍环境建设工作中做出显著成绩的单位和个人，按照国家有关规定给予表彰和奖励。

第二章 无障碍设施建设

第九条 城镇新建、改建、扩建道路、公共建筑、公共交通设施、居住建筑、居住区，应当符合无障碍设施工程建设标准。

乡、村庄的建设和发展，应当逐步达到无障碍设施工程建设标准。

第十条 无障碍设施工程应当与主体工程同步设计、同步施工、同步验收投入使用。新建的无障碍设施应当与周边的无障碍设施相衔接。

第十一条 对城镇已建成的不符合无障碍设施工程建设标准的道路、公共建筑、公共交通设施、居住建筑、居住区，县级以上人民政府应当制定无障碍改造计划并组织实施。

无障碍设施改造由所有权人或者管理人负责。

第十二条 县级以上人民政府优先推进下列机构、场所的无障碍设施改造：

（一）特殊教育、康复、社会福利等机构；

（二）国家机关的对外服务场所；

（三）文化、体育、医疗卫生等单位的公共服务场所；

（四）交通运输、金融、邮政、商业、旅游等公共服务场所。

第十三条 城市主要道路、主要商业区和大型居住区的人行天桥和人行地下通道，应当按照无障碍工程建设标准配备无障碍设施；人行道交通信号设施应当逐步完善无障碍服务功能，适应残疾人等社会成员通行的需要。

第十四条 城市大中型公共服务场所的公共停车场和大型居住区的停车场，应当按照无障碍设施工程建设标准设置并标明无障碍停车位。

无障碍停车位为肢体残疾人驾驶或者乘坐的机动车专用。

第十五条　民用航空器、客运列车、客运船舶、公共汽车、城市轨道交通等公共交通工具应当逐步达到无障碍设施的要求，有关主管部门应当制定无障碍设施技术标准并确定达标期限。

第十六条　视力残疾人携带导盲犬出入公共场所，应当遵守国家有关规定；公共场所的工作人员应当按照国家有关规定提供无障碍服务。

第十七条　无障碍设施所有权人或者管理人，应当对无障碍设施进行保护，对故障及时进行维修，确保无障碍设施正常使用。

第三章　无障碍信息交流

第十八条　县级以上人民政府应当将无障碍信息交流纳入信息化建设规划，并采取措施推进信息交流无障碍。

第十九条　县级以上人民政府及其有关部门发布重要政府信息和与残疾人相关的信息，应当创造条件为残疾人提供语音和文字提示等信息交流服务。

第二十条　国家举办的升学考试、职业资格考试和任职考试，应当为视力残疾人提供盲文试卷、电子试卷，或者由工作人员予以协助。

第二十一条　设区的市级以上人民政府设立的电视台应当创造条件，在播出电视节目时加配字幕，每周播放至少一次配备手语的新闻节目。

公开出版发行的影视类录像制品应当配备字幕。

第二十二条　设区的市级以上人民政府设立的公共图书馆应当创造条件开设视力残疾人阅览室，提供盲文读物、有声读物；其他图书馆应当逐步开设视力残疾人阅览室。

第二十三条　残疾人组织网站应当达到无障碍网站设计标准；设区的市级以上人民政府网站、政府公益活动网站，应当逐步达到无障碍网站设计标准。

第二十四条　公共服务机构和公共场所应当创造条件为残疾人提供语音和文字提示、手语、盲文等信息交流服务，对从业人员进行无障碍服务技能培训。

第二十五条　在听力残疾人集中参加的公共活动中，举办单位应当提供字幕或者手语服务。

第二十六条 电信业务经营者提供电信服务时，应当逐步向有需求的听力、言语残疾人提供文字信息服务，向有需求的视力残疾人提供语音信息服务。

电信终端设备制造商应当提供能够与无障碍信息交流服务相衔接的技术、产品。

第四章　　无障碍社区服务

第二十七条 社区公共服务设施应当逐步完善无障碍服务功能，为残疾人等社会成员参与社区生活提供便利。

第二十八条 地方各级人民政府应当逐步完善报警、医疗急救等紧急呼叫系统，方便残疾人等社会成员报警、呼救。

第二十九条 对需要进行无障碍设施改造的贫困家庭，县级以上地方人民政府可以给予适当补助。

第三十条 组织选举的部门应当为残疾人参加选举提供便利，为视力残疾人提供盲文选票。

第五章　　法律责任

第三十一条 城镇新建、扩建、改建道路、公共建筑、公共交通设施、居住建筑、居住区，不符合无障碍设施工程建设标准的，由住房和城乡建设主管部门责令改正，依法给予处罚。

第三十二条 肢体残疾人驾驶或者乘坐的机动车以外的机动车占用无障碍停车位，影响肢体残疾人使用的，由公安机关交通管理部门责令改正，依法给予处罚。

第三十三条 无障碍设施的所有权人或者管理人未对无障碍设施进行保护和及时维修，导致无法正常使用的，由有关主管部门责令限期维修；造成使用人人身、财产损害的，无障碍设施的所有权人或者管理人应当承担赔偿责任。

第三十四条 无障碍环境建设主管部门工作人员滥用职权、玩忽职守、徇私舞弊的,依法给予处分;构成犯罪的,依法追究刑事责任。

附　则

第三十五条 本条例自 2012 年 8 月 1 日起施行。

第二编

《无障碍环境建设条例》

释 义

第一章 总 则

第一条 为了创造无障碍环境，保障残疾人等社会成员平等参与社会生活，制定本条例。

〔释义〕本条是关于立法宗旨的规定。

一、创造无障碍环境

无障碍环境是残疾人参与社会生活的基本条件，是方便老年人、妇女、儿童和全社会成员的重要措施，也是完善城市功能不可或缺的基本元素。加强无障碍环境建设，是社会文明进步的重要标志。近些年来，在各级政府的重视和领导下，经过有关部门的共同努力和社会各界的广泛参与，我国无障碍环境建设取得了可喜的成绩，政策、技术标准进一步完善，城市道路、公共建筑、居住建筑、信息交流等无障碍环境建设逐步发展。但无障碍环境建设仍存在许多亟待解决的困难和问题：由于没有具体法律规定，目前我国无障碍环境建设缺少系统性，相当部分城市的道路、公共建筑、居住小区、公共交通设施等未进行无障碍改造；新建的设施还存在不规范、不系统、不符合无障碍规范要求的问题；无障碍设施管理亟待加强；信息交流无障碍还较为薄弱；全社会的无障碍环境尚未形成。

我国有8500万残疾人，占全国总人口的6.34%；目前60岁以上老年人口已达1.7亿，未来20年内，还将以年均超过总人口3%的速度递增。此外，还有大量的伤病人、妇女、儿童和其他有特殊需求的群体。社会公众对无障碍环境有着日益增长的迫切需求。制定《无障碍环境建设条例》，科学、规范、系统、深入地推进无障碍环境建设，是坚持以人为本、落实科学发展观、全面建设更高水平小康社会的必然要求，也是广大残疾人、老年人、伤病人等群体和全社会成员的迫切需要，对于促进经济社会又好又快发展，维护社会公平正义具有积极意义。

本条例关于建设无障碍环境的内容，主要体现在六个方面：一是明确了政府部门和社会组织的职责；二是强调了无障碍环境是残疾人的权利，同时惠及全社会，提供无障碍环境是社会的责任和义务；三是加大无障碍设施建设和改造力度，加强无障碍设施管理；四是加快推进无障碍信息交流建设；五是发展无障碍社区服务；六是规定了无障碍环境建设的法律责任。

二、保障残疾人等社会成员平等参与社会生活

本条例明确规定，"保障残疾人等社会成员平等参与社会生活"。对于加快无障碍环境建设保障残疾人平等参与社会生活，国际社会早已形成共识。联合国《关于残疾人的世界行动纲领》（1982年第三十七届联大会议通过）规定："会员国应致力于使各类残疾人都能享用物质环境。应保证残疾人能够与其他公民有同等机会进行娱乐活动，应采取行动消除达到这种效果的一切障碍。"联合国《残疾人机会均等标准规则》（1993年第四十八届联大会议通过）规定："各国应确认无障碍环境在社会各个领域机会均等过程中的全面重要性。"《残疾人权利公约》（2006年第六十一届联大会议通过）规定："确认无障碍的物质、社会、经济和文化环境、医疗卫生和教育以及信息和交流，对残疾人能够充分享有一切人权和基本自由至关重要。"

无障碍环境是残疾人走出家门、充分参与社会生活、共享社会物质文化成果的重要条件。2008年，我国修订后的《残疾人保障法》第五十二条明确规定："国家和社会应当采取措施，逐步完善无障碍设施，推进信息交流无障碍，为残疾人平等参与社会生活创造无障碍环境。"本条例进一步规定了加快无障碍环境建设保障残疾人平等参与社会生活的具体措施。

同时，无障碍环境也是方便老年人等公民的重要条件。国务院批转的《中国老龄事业"十二五"规划（2011~2015年）》规定："加快推进无障碍设施建设。突出高龄和失能老年人居家养老服务设施、环境的无障碍改造，推行无障碍进社区、进家庭。加快对居住小区、园林绿地、道路、建筑物等与老年人日常生活密切相关的设施无障碍改造步伐，方便老年人出行和参与社会生活。"

三、立法依据

本条例主要依据《残疾人保障法》、《老年人权益保障法》、《道路交通安全法》、《防震减灾法》及《残疾人权利公约》制定。《残疾人保障法》第七章规定："国家和社会应当采取措施，逐步完善无障碍设施，推进信息交流无障碍，为残疾人平等参与社会生活创造无障碍环境。各级人民政府应当对无障碍环境建设进行统筹规划，综合协调，加强监督管理；无障碍设施的建设和改造，应当符合残疾人的实际需要；新建、改建和扩建建筑物、道路、交通设施等，应当符合国家有关无障碍设施工程建设标准；各级人民政府和有关部门应当按照国家无障碍设施工程建设规定，逐步推进已建成设施的改造，优先推进与残疾人日常工作、生活密切相关的公共服务设施的改造；对无障碍设施应当及时维修和保护。国家采取措施，为残疾人信息交流无障碍创造条件；各级人民政府和有关部门应当采取措施，为残疾人获取公共信息提供便利；国家和社会研制、开发适合残疾人使用的信息交流技术和产品；国家举办的各类升学考试、职业资格考试和任职考试，有盲人参加的，应当为盲人提供盲文试卷、电子试卷或者由专门的工作人员予以协助。公共服务机构和公共场所应当创造条件，为残疾人提供语音和文字提示、手语、盲文等信息交流服务，并提供优先服务和辅助性服务；公共交通工具应当逐步达到无障碍设施的要求。公共停车场应当为残疾人设置专用停车位。组织选举的部门应当为残疾人参加选举提供便利；应当为盲人提供盲文选票；国家鼓励和扶持无障碍辅助设备、无障碍交通工具的研制和开发；盲人携带导盲犬出入公共场所，使用导盲犬应当遵守国家有关规定。"

《老年人权益保障法》规定："国家和社会应当采取措施，健全对老年人的社会保障制度，逐步改善保障老年人生活、健康以及参与社会发展的条件"，"国家保护老年人依法享有的权益。老年人有从国家和社会获得物质帮助的权利，有享受社会发展成果的权利。"《道路交通安全法》第三十四条规定，城市主要道路的人行道，应当按照规划设置盲道。盲道的设置应当符合国家标准。《防震减灾法》第七十条规定，地震灾后恢复重建，应当统筹安排无障碍设施的建设。《残疾人权利公约》全面规定了无障碍的内容及缔约国应履行的推进无障碍环境建设的责任。本条例是对《残疾人保障法》、《老年人权益保障法》等法律及《残疾人权利公约》上述原则、精神的具体化。

第二条 本条例所称无障碍环境建设，是指为便于残疾人等社会成员自主安全地通行道路、出入相关建筑物、搭乘公共交通工具、交流信息、获得社区服务进行的建设。

〔释义〕本条是关于无障碍环境建设内涵的规定。

明确无障碍环境建设的内涵，有助于明确法规调节保障的范围，有助于政府和社会对无障碍环境建设有清晰的认识。

联合国《残疾人机会均等标准规则》（1993年第四十八届联大会议通过）作为国际文件首次明确了无障碍环境建设的内涵："各国应确认无障碍环境在社会各个领域机会均等过程中的全面重要性。对任何类别的残疾人，各国均应：采取行动方案，使物质环境实现无障碍；采取措施，在提供信息和交流方面实现无障碍。"《残疾人权利公约》（2006年第六十一届联大会议通过）进一步规定："为了使残疾人能够独立生活和充分参与生活的各个方面，缔约国应当采取适当措施，确保残疾人在与其他人平等的基础上，无障碍地进出物质环境，使用交通工具，利用信息和通信，包括信息和通信技术和系统，以及享用在城市和农村地区向公众开放或提供的其他设施和服务。"

我国无障碍环境建设工作起步于20世纪80年代初。经过多年实践，我国无障碍环境建设的内涵不断得到充实。2008年修订的《残疾人保障法》对无障碍设施、信息交流、服务都做出了规定，确立了无障碍环境建设的基本内涵，本条例给予了进一步明确，即：无障碍环境包括物质环境无障碍、信息交流无障碍和无障碍社区服务。物质环境无障碍：道路、公共建筑物、公共交通工具和居住区的规划、设计、建设应方便残疾人、老年人自主安全地通行和使用；道路应满足坐轮椅者、拄拐杖者通行，方便视力残疾者通行；建筑物应在出入口、地面、电梯、扶手、厕所、房间、柜台等设置残疾人、老年人可使用的相应设施，方便残疾人、老年人通行等。信息交流无障碍：政府和公共传媒应使听力、言语和视力残疾人、老年人能够无障碍地获得信息，进行交流，如政府政务信息公开无障碍，方便残疾人的电信业务、信息交流技术、产品、影视作品、电视节目的字幕和手语等。无障碍社区服务：社区各种服务设施及在社区举办的相关活动、服务如选举、报警、家庭改造等要为残疾人提供便利。

第三条 无障碍环境建设应当与经济和社会发展水平相适应，遵循实用、易行、广泛受益的原则。

〔释义〕本条是关于无障碍环境建设发展方针和原则的规定。

无障碍环境建设应当与经济和社会发展水平相适应。一是指无障碍环境建设不能长期滞后于经济和社会发展，应加快推进无障碍环境建设与国家经济和社会发展水平相适应；二是指推进无障碍环境建设要充分考虑我国国情，注意前瞻性和可操作性的平衡，既要有硬性规定，同时对不宜做硬性规定的可以提出倡导性要求，这符合我国无障碍环境建设的发展实际。

经过近20年的不懈努力，我国的无障碍环境建设得到了跨越式发展，无障碍水平逐步提高。但是，目前我国无障碍环境建设还不能适应广大残疾人、老年人等特殊群体和全社会成员的需求，与城乡现代化建设的要求还存在差距，因此，要紧抓国家经济社会发展的机遇，加快推进我国城乡无障碍环境建设。同时，也要正视我国经济和社会发展水平仍相对较低的实际和我国无障碍环境建设起步较晚的实际，强调新建设施应严格执行无障碍标准、未建设无障碍设施的从严处罚，无障碍改造及信息交流无障碍、服务无障碍加紧逐步进行。

实用、易行、广泛受益是无障碍环境建设发展的原则，满足需要是无障碍环境建设的最终目的。根据我国国情，从节约资源、经济的角度，将无障碍环境建设定位为实用、易行是适宜的，不能片面地追求奢华、华而不实。同时，无障碍环境建设是方便包括残疾人、老年人在内的所有社会成员的，广泛受益既体现了无障碍环境建设的理念，也使无障碍环境建设更容易得到各方的理解、接受和支持。

第四条 县级以上人民政府负责组织编制无障碍环境建设发展规划并组织实施。

编制无障碍环境建设发展规划，应当征求残疾人组织等社会组织的意见。

无障碍环境建设发展规划应当纳入国民经济和社会发展规划以及城乡规划。

〔释义〕本条是关于无障碍环境建设政府职责的规定。

经过20多年的实践，我国无障碍环境建设形成了政府主导、社会各界广泛参与、残疾人、老年人组织积极发挥作用的工作机制。这是由无障碍环境建设的多领域、跨部门、综合性强的特点决定的。政府发挥主导作用，是无障碍环境建设发展的根本保证。

根据本条规定，政府的主要职责包括以下几个层面：

一是加强对无障碍环境建设的领导。无障碍环境建设是涉及多领域、跨部门的工作，不是哪一个部门的事情，也不是哪一个部门能独立完成的，而是一项需在政府领导下，住房和城乡建设、民政、交通运输、铁道、民航、公安、教育、财政、人力资源和社会保障、宣传、信息、广电、旅游、残联、妇联、老龄等相关部门共同参与的系统工程。这就需要各级人民政府对无障碍环境建设进行统筹规划，综合协调，加强管理，以切实组织、协调、领导本地无障碍环境建设工作的开展。

近些年来，我国无障碍环境建设之所以取得积极进展，一个重要的原因就是各级政府高度重视。党中央、国务院高度重视无障碍环境建设工作，强调无障碍设施建设是为残疾人、老年人和其他社会成员提供方便的重要措施，是现代城市建设的一项必不可少的内容，是社会进步的重要标志，是一项"民心工程"、"文明工程"。地方各级政府也将无障碍设施建设列入了重要议事日程。从中央到地方，在政府的领导下，有关部门各司其职，通力合作，住房和城乡建设、铁道、交通运输、民航、旅游、民政、残联等有关部门（单位）在推进无障碍设施建设的进程中，积极协调配合，认真履行职责。有的地方成立了无障碍设施建设工作领导小组或协调机构，切实发挥领导和协调作用。

二是组织编制实施无障碍环境建设发展规划，并将其纳入国民经济和社会发展规划以及城乡规划。无障碍环境建设发展规划，是根据已有的城市总体规划、交通规划、建筑规划以及无障碍环境建设的现状，通过了解无障碍环境建设与管理的需求，预测和把握未来需要解决和可能出现的问题，确定一定时期或总体的无障碍环境建设发展目标要求。无障碍环境建设是个系统工程，制定无障碍环境建设发展规划，要保证从计划、资金、建设等方面得到落实。特别是在经济不够发达和投资有限的情况下，更需要通过制定无障碍环境建设专项规划，准确定位在不同的发展阶段的规划目标，明确未来无障碍环境建设的发展方向和重点，提出无障碍环境建设规划的具体指标；结合当地的实际情况和特点，制定并逐步完善无障碍设施建设与管理规定和具体实施方案，做到既不盲目追求过高标准，又要有适当的超前意识。

国民经济和社会发展规划阐明国家战略意图，明确政府工作重点，引导市场主体行为，集中体现党和政府促进经济社会全面协调可持续发展的总方针、总政策，按行政层级可分为国家级、省级、市县级等三级国民经济和社会发展规划。将无障碍环境建设纳入国民经济和社会发展规划，有助于推进无障碍环境建设。

根据城乡规划法，城乡规划包括城镇体系规划、城市规划、镇规划、乡规划和村庄规划，都是对未来一定时期一定区域内经济社会等各方面的安排和部署。城乡规划的终极目标在于满足全体社会成员不断增长的物质和文化生活的需求，为广大人民创造良好的生活与工作环境。因此，城乡规划应该更多地关注老人、妇女、儿童、残疾人的需求，在土地利用、空间安排和建设活动中，着眼于人民群众尤其是其中的特殊群体的利益，在住房、公共交通和公共设施的规划设计和建造中更多地体现人文关怀。

三是政府在编制无障碍环境建设发展规划时，应当征求残疾人组织等社会组织的意见。修订后的《残疾人保障法》第六条第二款规定："制定法律、法规、规章和公共政策，对涉及残疾人权益和残疾人事业的重大问题，应当听取残疾人和残疾人组织的意见。"主动听取残疾人和残疾人组织的意见，是实现立法和决策过程的科学性和民主性的重要途径。听取意见可以采取座谈会、论证会、听证会等形式。《残疾人权利宣言》第十二条规定，有关残疾人权利的一切问题，应与残疾人组织进行协商。《关于残疾人的世界行动纲领》规定，会员国应与残疾人组织建立直接联系，并开辟渠道，使他们能在具有切身利益关系的一切领域影响政府的政策和决策。《残疾人权利公约》规定，残疾人应有机会积极参与政策和方案的决策过程，包括与残疾人直接有关的政策和方案的决策过程。本次《无障碍环境建设条例》的制定，就体现了残疾人和残疾人组织的积极参与。在条例制定过程中，国务院法制办、住房和城乡建设部、工业和信息化部注重听取残疾人和残疾人组织的意见，通过座谈会等形式，邀请残疾人和残疾人组织代表参加，直接听取残疾人的意见，并对相关建议积极予以采纳。中国残联作为残疾人的代表组织，积极参与《无障碍环境建设条例》的制定，并发挥了重要作用。近年来，各行政主管部门在制定无障碍环境建设规划和政策时，也注意征求残疾人联合会、老龄协会等组织的意见，实践证明，效果很好，因为残疾人、老年人对无障碍的需求最为迫切，可以使无障碍环境规划和政策更为完善合理。

作为残疾人、老年人的代表服务组织，残疾人联合会、老龄协会等组织，也要积极主动地配合有关部门做好无障碍环境建设工作。《残疾人保障法》第六条第三款规定："残疾人和残疾人组织有权向各级国家机关提出残疾人权益保障、残疾人事业发展等方面的意见和建议。"第八条规定："中国残疾人联合会及其地方组织，代表残疾人的共同利益，维护残疾人的合法权益，团结教育残疾人，为残疾人服务。中国残疾人联合会及其地方组织依照法律、法规、章程或者接受政府委托，开展残疾人工作，动员社会力量，发展残疾人事业。"《老年人权益保障法》规定："国务院和省、自治区、直辖市采取组织措施，协调有关部门做好老年人权益保障工作。"

残联、老龄协会等在推进无障碍环境建设中的主要职责是：代表残疾人、老年人的利益，反映残疾人、老年人的无障碍需求；向政府、政府部门提出加强改进无障碍环境建设工作的建议；配合政府、政府部门推进无障碍环境建设的立法和规划、计划的制定工作，并进行部署；组织开展无障碍环境建设的宣传和督导工作；切实做好残疾人、老年人综合服务设施无障碍建设和残疾人家庭无障碍改造。

第五条　国务院住房和城乡建设主管部门负责全国无障碍设施工程建设活动的监督管理工作，会同有关部门制定无障碍设施工程建设标准，并对无障碍设施工程建设情况实施监督检查。

国务院工业和信息化主管部门等有关主管部门在各自职责范围内，做好无障碍环境建设工作。

〔释义〕本条是关于无障碍环境建设行政部门职责的规定。

关于无障碍设施建设，《国务院办公厅关于印发住房和城乡建设部主要职责、内设机构和人员编制规定的通知》（国办发〔2008〕74号）规定，住房和城乡建设部负责：依法组织编制和实施城乡规划；组织制定工程建设实施阶段的国家标准，拟订公共服务设施（不含通信设施）建设标准并监督执行；指导全国建筑活动，拟订勘察设计、施工、建设监理的法规和规章并监督和指导实施，拟订规范建筑市场各方主体行为的规章制度并监督执行；研究拟订城市建设的政策、规划并指导实施；拟订村庄和小城镇建设政策并指导实施；拟订建筑工程质量、建筑安全生产和竣工验收备案的政策、规章制度并监督执行。无障碍设施建设是城乡建设的一项重要内容，并且无障碍设施建设需要一系列的建设政策、规划、标准、监督管理来落实，是住房和城乡建设行政部门职责的一部分。国务院残工委成员单位职责分工的规定，进一步明确了住房和城乡建设部制定、实施无障碍设计国家标准，负责无障碍环境建设的规划与指导，采取措施，推进各种无障碍设施建设与管理的职责。因此，条例规定国务院住房和城乡建设行政部门负责全国无障碍设施工程建设活动的监督管理工作。

关于无障碍信息交流，主要有两方面的内容，一是方便残疾人的电信业务、信息交流技术、产品的规划、开发、推广、应用等。二是影视作品、电视节目加配字幕和手语。《国务院办公厅关于印发工业和信息化部主要职责、内设机构和人员编制规定的通知》（国办发〔2008〕72号）规定，工业和信息化部负责：制定并组织实施通信业的行业规划、计划和产业政策，拟订行业技术规范和标准并组织实施；统筹规划公用通信网、互联网、专用通信网，依法监督管理电信与信息服务市场，推进电信普遍服务。国家广播电影电视总局的部分职责有：起草广播电影电视和信息网络视听节目服务的法律法规草案，拟订相关技术标准和部门规章；组织推进广播电影电视领域的公共服务。国务院残工委成员单位职责分工的规定进一步将工业和信息化部、国家广电总局的职责明确为：工业和信息化部负责指导残疾人信息化建设，推动信息技术和产品在残疾人事业领域的应用，指导并促进残疾人信息无障碍建设；国家广电总局负责指导并推动电视台开办聋人手语新闻或残疾人专题栏目，逐步增加字幕，指导并推动广播电台开办残疾人专题节目。

此外，与无障碍环境建设相关的主要部门还有民政部、交通运输部、铁道部、中国民航局、教育部、公安部、文化部、财政部、国家发改委、国家旅游局等部门，如铁道部负责组织铁路设施的无障碍设计、建设、维护和改造；交通运输部负责组织公路及其设施、水运基础设施的无障碍设计、建设、维护和改造；教育、卫生、民政、民航、文化、旅游等部门分别负责本主管行业的无障碍环境建设。只有各部门齐抓共管，无障碍环境建设才能全面推进。

在党中央、国务院的高度重视下，无障碍环境建设连续纳入国务院批转的我国残疾人事业"八五"至"十二五"规划和建设事业五年规划，从"十五"开始，住房和城乡建设部、民政部、交通运输部、铁道部、中国民航局、教育部、公安部、工业和信息化部、国家广播电影电视总局、国家旅游局、中国残联、全国老龄办等部委还专门共同制定了"十五"、"十一五"、"十二五"无障碍环境建设专项配套实施方案，提出无障碍环境建设的目标任务和推进措施。因此条例规定，国务院工业和信息化主管部门等有关主管部门要在各自职责范围内，做好无障碍环境建设工作。

第六条 国家鼓励、支持采用无障碍通用设计的技术和产品，推进残疾人专用的无障碍技术和产品的开发、应用和推广。

〔释义〕本条是关于国家鼓励和支持无障碍设备、产品和相关技术研制、开发、应用的规定。

无障碍环境建设是伴随着我国改革开放和经济社会快速发展的进程，以及残疾人事业、老年人事业等社会事业不断发展而引入我国城乡建设的全新概念。其发端是基于残疾人的需求而提出的，但随着人们认识的深化，无障碍设计已经成为一种通用设计，无障碍设施已经是城市建设必不可少的部分而非附加成分，无障碍不仅方便残疾人、老年人，而且方便全社会，这一理念已开始逐渐为更多的人所接受。

国际上对无障碍设计作为通用设计的理念早已形成共识。《残疾人权利公约》第二条定义部分指出，"通用设计是指尽最大可能让所有人可以使用，无需作出调整或特别设计的产品、环境、方案和服务设计，通用设计不排除在必要时为某些残疾人群体提供辅助用具"，第四条进一步规定，"缔约国承诺：从事或促进研究和开发本公约第二条所界定的通用设计的货物、服务、设备和设施，以便仅需尽可能小的调整和最低的费用即可满足残疾人的具体需要，促进这些货物、服务、设备和设施的提供和使用，并在拟订标准和导则方面提倡通用设计"。当前，残疾人作为人类社会的一员应得到尊重、理解、关心、帮助，无障碍环境惠及全社会公众，无障碍通用性设计的理念日益深入人心。

关于推进残疾人专用的无障碍技术和产品开发、应用、推广。《残疾人保障法》第五十七条规定，"国家鼓励和扶持无障碍辅助设备、无障碍交通工具的研制和开发"。《中共中央关于促进残疾人事业发展的意见》指出，"网络、电子信息和通信产品要方便残疾人使用"。《中国残疾人事业"十二五"发展纲要》规定，"推进通用产品、技术信息无障碍。推进互联网和手机、电脑、可视设备等信息无障碍实用技术、产品研发和推广"。《残疾人权利公约》第四条第七款有关规定："缔约国承诺：从事或促进研究和开发适合残疾人的新技术，并促进提供和使用这些新技术，包括信息和通信技术、助行器具、用品、辅助技术，优先考虑价格低廉的技术。"

国家鼓励、扶持无障碍技术和产品的研制、开发、应用和推广，主要是指国家对无障碍辅助设备、专用产品、技术、交通工具、无障碍信息交流技术及产品的研制、开发、应用在政策上和财政上给予支持，在启动资金和贷款上给予资助，在企业税收方面给予一定的减免。

鼓励和支持的设备产品种类包括无障碍辅助设备、专用产品、技术、无障碍交通工具、无障碍信息交流技术及产品。在以往的法律法规中一般只强调对无障碍辅助设备、专用产品、技术、无障碍交通工具的鼓励和支持，而未涉及到无障碍信息交流技术及产品，当前在信息无障碍技术领域，我国有自主知识产权的技术还比较少，信息无障碍产品也很大程度上依赖进口，自主研发能力很弱，这极大地制约了信息交流无障碍建设工作的开展。为进一步推进我国信息交流无障碍建设，保障残疾人信息交流无障碍权益，应鼓励、支持无障碍信息通信技术、产品研发、生产、推广。

第七条　国家倡导无障碍环境建设理念，鼓励公民、法人和其他组织为无障碍环境建设提供捐助和志愿服务。

〔释义〕本条是关于国家倡导无障碍及鼓励社会各界为无障碍提供支持的规定。

无障碍环境建设在技术上不是难题，关键是相关部门和全社会要树立无障碍的观念和意识。无障碍环境建设惠及每一个人，不是对残疾人、老年人等社会群体的额外照顾。近些年来，我国无障碍环境建设工作虽然取得了积极的进展，但仍存在一些亟待解决的困难和问题，其中全社会无障碍意识还不高是一个重要原因，这也成为制约无障碍环境建设进一步发展的关键因素。因此，要利用广播、电视、报刊、互联网等载体，加强无障碍知识的普及和宣传，展示城市无障碍设施建设的成就，增进全社会对无障碍设施建设重要意义的认识，促进全社会无障碍意识的提高，为无障碍环境建设创造良好的社会环境。《中国残疾人事业"十二五"发展纲要》要求，"普及无障碍知识，加强宣传与推广"。

近些年来，各地在推进无障碍环境建设宣传中，也积累了一些好的经验，如北京为配合无障碍环境建设和奥运会筹办工作的开展，从2007年8月开始，以每一季度第一个月的16日为无障碍推动日，确定一个主题，通过推动日切实加强无障碍环境建设的宣传和监督整改工作，这种宣传形式很有成效，形成了宣传的冲击力，产生了良好的社会效果。

政府财政和所有权人、管理人的投入是无障碍环境建设经费的主要来源，但仅有这些是不够的，对于无障碍改造来说，还要特别注意调动社会组织和个人的积极性，鼓励社会组织和个人为无障碍环境建设提供捐助和志愿服务。

根据我国《公益事业捐赠法》的规定，自然人、法人或者其他组织可以选择符合其捐赠意愿的公益性社会团体和公益性非营利的事业单位进行捐赠。公益事业包括无障碍环境建设。公司和其他企业捐赠财产用于无障碍环境建设，依照法律、行政法规的规定享受企业所得税方面的优惠。自然人和个体工商户依照本法的规定捐赠财产用于无障碍环境建设，依照法律、行政法规的规定享受个人所得税方面的优惠。

公民、法人和其他社会组织为无障碍环境建设提供志愿服务主要包括：参与无障碍环境建设与管理，对无障碍设计、建设、使用提出意见和建议，参与维护无障碍设施，制止、纠正侵占、破坏无障碍设施的非法行为，参与无障碍环境建设的宣传，参与无障碍环境建设状况的调查等等。

第八条 对在无障碍环境建设工作中做出显著成绩的单位和个人，按照国家有关规定给予表彰和奖励。

〔释义〕本条是关于表彰、奖励的规定。

对在无障碍环境建设工作中做出显著成绩的单位和个人进行表彰和奖励，并使之制度化、法律化，是维护残疾人、老年人等无障碍权益，大力推进无障碍环境建设事业的一项重要工作内容。在我国当前国情下，无障碍环境建设一方面需要依法推进，另一方面也需要大力宣传、倡导、激励，只有这样，才能充分调动各个单位和社会各界的积极性，使他们更好地履行职责，热情参与，共同推进无障碍环境建设发展。

国家奖励，是指各级人民政府和有关部门为了表彰先进，充分调动人们的积极性和创造性，依照法定条件和程序，对国家和社会做出突出贡献或模范地遵纪守法的组织、个人给予物质或精神奖励的行政行为。实施表彰、奖励的主体是国家行政机关或者法律法规授权的组织。国家行政机关是国家奖励的当然主体，各级人民政府、各级行政主管部门，在实施国家行政管理的过程中，有权对符合条件的对象给予国家奖励；法律、法规授权的组织，在授权范围内有权对符合条件的对象给予表彰和奖励。

依照本条规定，应当进行表彰和奖励的对象，是在无障碍环境建设工作中做出突出贡献的单位和个人。2005年，建设部、民政部、中国残联、全国老龄办对12个城市进行了命名表彰，2011年，四部委又对"十一五"创建全国无障碍建设先进城市进行了命名和表彰。一些地方也对在无障碍环境建设工作中做出突出贡献的地区、单位和个人，进行了表彰和奖励。

第二章　无障碍设施建设

第九条　城镇新建、改建、扩建道路、公共建筑、公共交通设施、居住建筑、居住区，应当符合无障碍设施工程建设标准。

乡、村庄的建设和发展，应当逐步达到无障碍设施工程建设标准。

〔释义〕本条是关于城乡建设应符合无障碍设施工程建设标准的规定。

我国的无障碍设施建设，经历了在实践中不断摸索、逐步规范、不断推进的过程。在这个过程中，制定无障碍设施标准，采取措施强化标准的实施，是推动无障碍设施建设快速发展的重要手段。国际无障碍设施建设的实践也证明，颁布和实施无障碍设施建设的技术法规和标准，对于规范无障碍设施建设的行为发挥了重要作用。

在项目建设中只要严格按照工程建设标准去做，无障碍设施建设的质量、安全、功能就能够得到保障。为推进无障碍设施建设标准的执行，我国相关法律法规进行了明确规定。《残疾人保障法》第五十三条第二款规定，"新建、改建和扩建建筑物、道路、交通设施等，应当符合国家有关无障碍设施工程建设标准"，《建筑法》、《建设工程质量管理条例》、《建设工程勘察设计管理条例》等法律法规也进行了规定。

近年来，随着国家经济社会的发展，我国无障碍设施建设标准的制定工作得到加强，标准体系不断完善。1986年建设部等部门开始制定《方便残疾人使用的城市道路和建筑物设计规范》，于1989年颁布施行。2000年建设部在总结我国无障碍设施建设经验和问题的基础上，借鉴国外无障碍设施建设的一些做法，对原《规范》进行了全面修订，并于2001与民政部、中国残联发布实施了新修订的《城市道路和建筑物无障碍设计规范》，作为强制性标准，其中的24个条款纳入了《工程建设标准强制性条文》，要求在工程建设中必须严格执行。2009年，住房城乡建设部再次组织对规范进行修订,更名为《无障碍设计规范》,将于2012年9月1日实施。各行业部门对无障碍设施建设的标准制定工作十分重视,2000年中国民用航空局发布了《民用机场旅客航站区无障碍设施配置标准》,2004年建设部、教育部颁布实施了《特殊教育学校无障碍设计规范》,2005年铁道部发布实施了《铁路旅客车站无障碍设计规范》。在城市区域内,涉及无障碍设施建设的标准体系逐步形成。

考虑到我国乡村的实际情况,条例对乡村无障碍环境建设提出应逐步符合无障碍设施工程建设标准。

第十条 无障碍设施工程应当与主体工程同步设计、同步施工、同步验收投入使用。新建的无障碍设施应当与周边的无障碍设施相衔接。

〔释义〕本条是对无障碍设施工程建设的具体规定。

对于新建、改建、扩建的建设项目,如果在建设阶段就同步设计和建设无障碍设施,就等于抓住了无障碍设施建设的"源头",这样既有利于无障碍设施与建设项目的和谐统一,又能节约成本,达到美观、省钱、省力、省时的目的。为此,住房和城乡建设部要求:各地规划行政主管部门在审查规划时,应按《城市道路和建筑物无障碍设计规范》(以下简称《规范》)提出的无障碍要求严格把关,对不符合要求的建设项目一律不予批准,不核发建设工程规划许可证。要加强对规划实施的监督检查,及时纠正和查处不按规划建设无障碍设施的行为;设计单位要按照《规范》对城市道路和建筑物进行无障碍设计。施工图设计文件审查机构审查设计文件时,要把无障碍设施作为一项重要内容进行审查,对违反《规范》设计要求的不予通过。施工单位必须按照无障碍设施的设计要求进行施工。有关部门要对无障碍设施的设置范围和质量进行把关,不符合设计要求的不得进行竣工验收,备案主管部门不予备案,并责令有关单位进行整改,合格后方可重新办理备案。建设主管部门要切实加强对在建项目的监督管理,对拒不执行《规范》的,要严格按照《建筑法》、《建设工程质量管理条例》、《建设工程勘察设计条例》等有关法律法规的规定进行处罚。

残疾人出行的便利,涉及到其居住的住宅、社区环境、城市道路和目的地间"点线相连"的无障碍设施,其间任何一处存在"障碍",都会导致其出行无法顺利进行。在一定范围内的无障碍设施不系统、相互之间不衔接,一直是无障碍设施建设中存在的问题,它直接影响了无障碍环境的质量和无障碍设施总体功能的发挥。单个无障碍设施的质量高,不等于整个系统的功能优良。因此,强调无障碍设施相互之间的衔接十分重要。

解决无障碍设施的相互衔接问题,应注意从规划入手,通过规划使无障碍设施在一定的区域及区域间构成一个通畅有机的整体,以满足残疾人的使用需求。

第十一条 对城镇已建成的不符合无障碍设施工程建设标准的道路、公共建筑、公共交通设施、居住建筑、居住区,县级以上人民政府应当制定无障碍改造计划并组织实施。

无障碍设施改造由所有权人或者管理人负责。

〔释义〕本条是针对无障碍设施改造的规定。

由于历史因素和经济条件的制约,特别是在《方便残疾人使用的城市道路和建筑物无障碍设计规范》颁布以前,我国已建城市道路和建筑物大都没有配套建设无障碍设施。老城区是居民居住的密集区,不解决已建城市道路和建筑物的改造问题,无障碍环境就难以形成。

改造包括两种情况,一是"未建"无障碍设施,二是"已建"的无障碍设施不符合标准要求。

改造涉及的情况比较复杂,一方面历史欠账较多,另一方面是受已有场地限制,既有资金的约束,也有技术设计上的难题。在短时间内一次性、全面完成改造任务存在一定困难。多年来,住房和城乡建设部、民政部、中国残联、全国老龄办在创建无障碍示范城市、无障碍城市的工作中一直把"改造"作为重点问题予以研究解决。实践证明,制定无障碍改造计划,并分步实施,是解决"改造"问题行之有效的办法。同时,由于无障碍环境建设涉及方方面面和多个职能部门,因此应由县级以上人民政府统一组织制定改造计划,并明确分工,加大投入,加强检查,促进实施。无障碍设施建设,是政府义不容辞的责任。政府在加强组织协调和管理工作的同时,应当通过财政资金支持、税收优惠等鼓励性政策,积极推进无障碍设施改造工作的开展。

《中国残疾人事业"十一五"发展纲要（2006~2010年）》规定："十一五"期间，我国在100个城市开展创建全国无障碍建设城市工作。2007年，住房和城乡建设部、民政部、中国残联、全国老龄办联合下发了《关于开展创建全国无障碍建设城市工作的通知》，对北京市等100个城市无障碍改造工作提出了具体的要求，明确规定了改造比例。到"十一五"末，创建城市人行道及人行横道各种路口坡化改造率不得低于60%，政府办公建筑、综合（专科）医院、城市广场、城市公园、大中型商场、加油站、高速公路服务区无障碍改造率60%，饭店、宾馆、邮政、电信、银行、室外公共厕所无障碍改造率40%，文化馆、图书馆、科技馆、展览馆、博物馆、纪念馆、影剧院、音乐厅、体育场馆无障碍改造率50%，中小学、托幼建筑无障碍改造率20%，特殊教育学校、福利企业、康复中心、残疾人综合服务设施、养老机构、老年人服务设施无障碍改造率80%，已建居住小区、高层和中高层建筑、公寓、宿舍建筑无障碍改造率40%。无障碍"十二五"实施方案进一步规定，深入开展无障碍建设市、县创建工作，进一步提高无障碍环境建设质量，全国城市无障碍化程度显著提高，积极推进小城镇、农村无障碍环境建设。

在制定无障碍设施改造计划工作中，除了要明确改造"量"的目标外，还要注意解决同一城市之间新建城区与老城区无障碍设施数量的不平衡问题，并尽可能地向老城区倾斜。

有了无障碍设施的改造计划，明确由谁负责改造是计划落实的关键环节。其中，改造资金问题，是制约无障碍设施改造工作开展的瓶颈。

有了资金，其他问题基本上都可以通过技术手段予以处理。对新建项目中的无障碍设施而言，由于无障碍设施是项目功能的有机组成部分，并且《规范》都有规定，作为项目整体中的一部分，必然会统筹考虑，必然要纳入项目的概算、预算。另外，随项目改造开展无障碍设施的改造也是如此，但单独的无障碍改造则需要有一定资金的支持。

各地在无障碍设施改造资金落实方面，积累了一些成功经验。强调由所有权人或者管理人承担无障碍设施改造的任务，也是出于义务原则。实践中，一些公共建筑存在所有权和管理权分离的现象，这种情况下所有权人和管理权人之间应约定改造责任，并由约定的责任人负责。

第十二条　县级以上人民政府优先推进下列机构、场所的无障碍设施改造：

（一）特殊教育、康复、社会福利等机构；

（二）国家机关的对外服务场所；

（三）文化、体育、医疗卫生等单位的公共服务场所；

（四）交通运输、金融、邮政、商业、旅游等公共服务场所。

〔释义〕本条是明确优先开展无障碍设施改造的重点机构和场所的规定。

《残疾人保障法》第五十三条第三款规定："各级人民政府和有关部门应当按照国家无障碍设施工程建设规定，逐步推进已建成设施的改造，优先推进与残疾人日常工作、生活密切相关的公共服务设施的改造。"《中共中央国务院关于促进残疾人事业发展的意见》中提出："加快推进与残疾人日常生活密切相关的住宅、社区、学校、福利机构、公共服务场所和设施的无障碍建设和改造。"《中国残疾人事业"十二五"发展纲要》指出：加快推进既有道路、建筑物、居住小区、园林绿地特别是与残疾人日常生活密切相关的已建设施无障碍改造。

无障碍设施方便全社会成员，但对残疾人而言是他们日常生活、出行和参与社会的必要条件。在无障碍环境建设中，特殊教育、康复和社会福利机构是直接为残疾人和老年人提供教育和服务的专业机构，理应具备更"专业"的无障碍设施。国家机关的办公场所应起到无障碍设施改造的带头和示范作用，建设完善的高质量的无障碍设施，是方便残疾人反映诉求和办理事务的需要，是实现政府的"公共服务"职能的需要；医疗卫生、文化体育等单位及交通运输、商业旅游、金融邮政等公共服务场所，与残疾人日常生活、出行和工作密切相关，是残疾人、老年人经常要出入的场所，完善的无障碍设施，能够使残疾人方便地办理业务、开展活动和享受服务，增强他们自主参与社会的信心，提升他们的生活质量。

第十三条 城市主要道路、主要商业区和大型居住区的人行天桥和人行地下通道，应当按照无障碍工程建设标准配备无障碍设施；人行道交通信号设施应当逐步完善无障碍服务功能，适应残疾人等社会成员通行的需要。

〔释义〕本条是城市主要道路、主要商业区、大型居住区的人行天桥和人行地下通道、人行道无障碍设施建设的规定。

残疾人走出家门，首先要使用的无障碍设施就是道路，道路的无障碍设施包括路口的坡化、行进盲道和提示盲道的设置等内容。路口的坡化既有坡度问题，也有坡面与道路路面连接处的高差问题，不符合《无障碍设计规范》要求，则会导致坡道无法正常使用。盲道既有行进盲道和提示盲道之分，也有绕过障碍物及其位置的技术处理的区别，需要在保证安全的基础上进行专门的设计；过街的人行天桥和人行地道的无障碍设施则需要专门的设计，既涉及到使用方便的问题，也涉及到使用安全的问题。

从无障碍设施建设过程中出现的问题看，许多都源于对"细节"重视得不够，如扶手安装不牢固、坡道与地面的延伸连接处大于《规范》规定的高差，坐便器扶手安装位置不正确、不牢固，卫生间空间不能满足轮椅回转的要求等等。这些"细节"问题，一方面影响了无障碍设施的使用效果，另一方面也容易造成安全隐患。也有的"细节"问题是施工过程中产生的，有的是不做设计或不按《规范》要求设计、不按《规范》要求施工造成的。无障碍设施有其特有的要求，如果不按《规范》进行设计、施工，无障碍设施的功能就难以发挥，甚至会出现安全隐患。在实施标准方面，需要加强《规范》的宣传与培训工作，要让参与无障碍设施建设的各方特别是设计和施工人员，了解体会残疾人的生活状况、习惯和需求，熟悉无障碍设施的工作原理，理解掌握《规范》的技术要求，提高从业人员的无障碍知识水平和实际工作能力。只要认真研究残疾人、老年人的生理需求，按《规范》精心设计、精心施工，无障碍设施的质量就能得到保障。

视障者自主通过设有红绿灯的路口，必须借助盲人过街音响装置的提示。这种装置可控制路口红绿灯的转换，它的电子系统能自动识别行人信号灯灯色的变化，语音声讯器会相应地、有规律地向过街行人发出提示音，实现对视障者的行进引导。有了盲人过街音响装置，视障者通过语音"红绿灯"的提示，就能判断是否可以安全通行。过街音响装置具有提示和引导作用，涉及人身安全，位置设置十分重要，需要在充分考虑视障者使用感受的基础上进行正确的设计。

《方便残疾人使用的城市道路和建筑物设计规范》颁布实施以来，我国不少城市在主要道路、主要商业区设置了过街音响装置，方便了视力残疾者的使用，但过街音响装置的发声系统采用的基本是国际上较通行的"鸟鸣"声音，白天的交通环境噪声较高，"鸟鸣"音响不明显，而在夜间如不降低鸟鸣的分贝，难免形成"噪声源"，对周边的居民会产生一定程度的影响。因此，城市主要道路、主要商业区的人行道交通信号设施，应当注意逐步完善无障碍功能，并根据实际情况，采取电子控制系统自动调整音量等措施，努力做到既方便视障者使用，又不影响周边环境。

第十四条 城市大中型公共服务场所的公共停车场和大型居住区的停车场，应当按照无障碍设施工程建设标准设置并标明无障碍停车位。

无障碍停车位为肢体残疾人驾驶或者乘坐的机动车专用。

〔释义〕本条是关于公共场所设置和管理无障碍停车位的规定。

大中型公共服务场所，是指依据国家相关建筑设计规范规定，达到一定规模的公共服务场所。

无障碍停车位是指专门供残疾人使用的停车泊位，应有明显标识，并位于相对便利的位置。由于肢体残疾人需要使用轮椅、拐杖等辅助器具，面积也应比一般停车泊位大。为方便残疾人停车，有必要为其设置专用的无障碍停车位。

设置无障碍停车位在国际上是通行做法。大多数国家和地区都在停车场相对便利的位置设置无障碍停车位，并通过立法对无障碍停车位的设置和管理进行规定，同时对违反规定的行为设立了严厉处罚的条款。如意大利《关于消除公共建筑、空间和服务设施中的障碍条例》规定："停车场或停车处每50个车位（不满50个车位按50个车位计）必须至少配备一个车位，供残疾人标识持有者免费使用。"

随着越来越多的残疾人选择汽车作为出行的交通工具，我国许多地方也都开始在公共停车场设立残疾人专用的无障碍停车位，但有些还不规范，管理也有待加强。《中共中央国务院关于促进残疾人事业发展的意见》提出："公共停车区要优先设置残疾人专用停车泊位。"政府相关部门也制定实施了无障碍停车位的标准，主要有：①住房城乡建设部、国家发改委《城市公共停车场工程项目建设标准》（建标128—2010），该标准规定了无障碍停车位的设置数量，要求停车位数量大于500个的特大型停车场，无障碍停车位数量不得少于总车位的1%，停车位数量为301～500个的大型停车场，无障碍停车位数量不得少于4个，停车位数量为51～300个的中型停车场，无障碍停车位数量不得少于2个。②公安部、交通运输部《道路交通标志和标线》国家标准（GB5768.3—2009）。该标准对无障碍停车位的标线、面积、划法作了规定。标准规定无障碍停车位长6米、宽3.7米（普通车位长6米、宽2.5米），面积约为22平方米。

我国左下肢残疾人驾驶汽车政策始于2003年，右下肢、双下肢和部分听力残疾人驾驶汽车政策始于2010年4月。未来几年，随着各地残疾人驾驶汽车工作的逐步开展，取得机动车驾驶证的残疾人数量将会增加。同时，肢体残疾人乘坐机动车也需要提供便利，这使得对无障碍停车位的需求将十分迫切。因此对无障碍停车位的设置和管理进行规定十分必要。

第十五条 民用航空器、客运列车、客运船舶、公共汽车、城市轨道交通等公共交通工具应当逐步达到无障碍设施的要求，有关主管部门应当制定无障碍设施技术标准并确定达标期限。

〔释义〕本条是关于公共交通工具无障碍建设和改造的规定。

公共交通工具主要包括飞机、地铁、轻轨车辆、火车、公共汽车、出租汽车、客轮等，应当逐步达到无障碍设施的要求是指公共交通工具应方便残疾人上下、乘坐、内部通行、有信息屏幕显示系统、有无障碍标识，具备条件的还应有方便残疾人的无障碍厕所或厕位等。如乘客出入口有无障碍通道，车门宽度、车门与站台的距离符合无障碍要求，车厢内设轮椅席位并配备扶手、轮椅固定装置、安全带等设备，设电子显示字幕及语音提示设备，公交车辆为无障碍低底盘或装配液压升降装置的车辆，飞机配备通道专用窄型轮椅等。《残疾人保障法》第五十五条第二款规定:"公共交通工具应当逐步达到无障碍设施的要求。"《中共中央国务院关于促进残疾人事业发展的意见》提出"公共交通工具要配置无障碍设备"的要求。《中国残疾人事业"十二五"发展纲要(2011—2015年)》提出:"航空、铁路及城市公共交通要加大无障碍建设和改造力度,公共交通工具要逐步完善无障碍设备配置。"目前我国公共交通工具无障碍设施建设仍较薄弱,还不能满足包括广大残疾人、老年人在内的社会成员的需要,有关部门有必要制定实施公共交通工具的无障碍技术标准,投放使用新的公共交通工具一定要做到无障碍,并确定期限逐步对已有交通工具进行改造,以切实推动公共交通工具无障碍建设取得实质进展。

近年来,我国铁路旅客列车无障碍建设和改造取得了重要进展。针对广大残疾人反映的铁路旅客列车缺乏无障碍设施给残疾人出行、乘车带来不便的实际困难和问题,铁道部在中国残联的配合下,制定了设有残疾人专用服务设施的铁路客车设计标准,无障碍车厢在入口、地面、通道、卫生间、专用坐席等部位充分考虑了残疾人的使用需求。铁道部决定除动车、高铁车组外(高铁和大部分动车车组已设置无障碍卫生间等无障碍设施),对所有列车车组进行改造,每个车组改造一个无障碍坐席车厢和一个无障碍卧铺车厢,首批48节无障碍车厢已于2012年1月生产完成并在春运期间投入使用,其余所需的5000节左右车厢将逐步在3年内生产更换完毕。铁道部还联合有关部门出台了自2012年1月1日起在旅客列车上设置残障人士专座,所有旅客列车均安排一定数量的残疾人旅客专用车票的政策,切实为残疾人出行提供了便利。

第十六条 视力残疾人携带导盲犬出入公共场所,应当遵守国家有关规定;公共场所的工作人员应当按照国家有关规定提供无障碍服务。

〔释义〕本条是关于视力残疾人使用导盲犬出入公共场所的规定。

导盲犬是盲人出行、参与社会生活的工具。允许残疾人携带导盲犬出入公共场所和乘坐公共交通工具是保障残疾人权利的重要措施,体现了社会的文明进步。

导盲犬不会威胁公共安全。导盲犬对狗的品种和血统要求很高，必须性情温和，喜欢与人相处，不具有攻击性，最常见的品种为拉布拉多犬、金毛猎犬等。导盲犬经过严格训练，通常需要 2 年时间，淘汰率高达 30% 以上，服役期 8 到 10 年。上岗须同时获得检验检疫证、训练基地毕业证和政府部门颁发的犬证。到目前为止，全球还未发生一起导盲犬伤人案件。

训练使用导盲犬在国际上十分普遍，每年的 4 月为国际导盲犬月。目前，全世界共有 110 多个导盲犬训练机构。国际上 30 多个国家和地区都通过立法对残疾人使用服务犬的权利予以保障。如日本《残疾人辅助犬法》规定："残疾人在利用国家管理的设施时，国家、特殊法人不得拒绝提供残疾人辅助犬伴同残疾人"，"公共交通事业者等，当残疾人利用其管理的旅客设施以及为运送旅客而为其事业提供的车辆等（指车辆、汽车、船舶以及飞机等）时，不得拒绝提供残疾人辅助犬的伴同"。

随着我国经济社会的发展、残疾人事业的不断进步和残疾人参与社会生活的需求，导盲犬相关工作也逐步开展起来。

我国相关法律、部门规章、地方性法规保障残疾人携带导盲犬出入公共场所和乘坐交通工具的权利。《残疾人保障法》第五十八条规定"盲人携带导盲犬出入公共场所，应当遵守国家有关规定。"中国民航局发布实施的《残疾人航空运输办法》第七章第四十七条规定："承运人、机场和机场地面服务代理人应允许服务犬在航班上陪同具备乘机条件的残疾人。"《深圳市无障碍环境建设条例》第十三条明确规定："视力残疾者可以按照规定携带导盲犬出入公共场所和乘坐公共交通工具，任何单位和个人不得阻拦。"

残疾人在享有使用服务犬权利的同时，也要承担相应的义务。包括使用合格的服务犬；随身携带服务犬上岗证和服务犬使用许可证，在必要时出示；在公共场所为服务犬配戴专用项圈、鞍具、犬服等等。同时，公共场所的工作人员也应按照相关规定，允许服务犬进入公共场所，同时提供必要的无障碍服务，如提供各种形式的现场协助、中介、咨询、指导、向导、语音、文字提示、盲文、手语等服务。

第十七条　无障碍设施所有权人或者管理人，应当对无障碍设施进行保护，对故障及时进行维修，确保无障碍设施正常使用。

〔释义〕本条是关于无障碍设施维护管理的规定。

和城市其他基础设施一样，无障碍设施的功能发挥依赖于有效的管理和维护。目前，无障碍设施重建轻管的现象时有发生。得不到有效的管理和维护，无障碍设施就不能发挥应有的作用，而经常的、良好的养护和管理，不仅能够延长无障碍设施的使用寿命，对使用者的人身安全保障也有重要意义。

无障碍设施管理的关键在于长效机制的建立。住房和城乡建设部已制定实施《无障碍设施的管理和维护规范》，对切实提高无障碍设施的完好率和利用率进行了规定。一些地方的无障碍环境建设法规、规章等也对加强无障碍设施的管理提出了要求。如2004年实施的《北京市无障碍设施建设和管理条例》规定：无障碍设施的维护管理责任人应当对无障碍设施进行维护和管理，确保无障碍设施的正常使用。无障碍设施无法正常使用的，责任人应当及时修复。任何单位和个人都应当爱护无障碍设施，不得损毁、违法占用无障碍设施或改变用途，对破坏无障碍设施的行为有权劝阻和举报。损毁、违法占用无障碍设施或者改变无障碍设施的用途，由有关行政主管部门责令停止侵害、恢复原状或者赔偿损失并予以处罚。

无障碍设施的日常养护和及时维修关键是要明确责任人。实践中各城市对无障碍设施的管理维护有着不同做法，一般说来所有权人无疑具有维护的责任和义务。所有权和管理权的分离，往往会导致责任不清，因此所有权人、管理人之间应约定责任人。只有责任明确，无障碍设施的管理维护工作才能落到实处。

第三章　无障碍信息交流

第十八条　县级以上人民政府应当将无障碍信息交流纳入信息化建设规划，并采取措施推进信息交流无障碍。

〔释义〕本条是政府推进无障碍信息交流职责的规定。

无障碍信息交流是无障碍环境建设的重要组成部分，是指任何人（包括残疾人和健全人，年轻人和老年人）在任何情况下都能平等地、方便地、无障碍地获取信息、利用信息，包括电子、信息技术无障碍和网络无障碍进行交流。

国际社会对信息交流无障碍建设高度关注。信息社会世界峰会（2003年，日内瓦）呼吁各成员国在其国家信息化战略中要特别关注残疾人弱势群体，鼓励设计、生产和提供符合这些人需要的信息通信技术（ICT）设备和服务，开展包括残疾人在内的所有人使用信息通信技术（ICT）的能力建设，推动社会各界以可以承受的价格普遍地、平等地使用信息通信技术，促进信息通信技术发展成果共享。

目前，我国无障碍信息交流建设取得了积极进展：启动了信息无障碍标准制定工作，部分省市电视台开办手语新闻节目，影视作品增加字幕，电子屏幕信息系统在一些行业逐步得到推广，许多电信运营商、企业结合残疾人的特点和需求，推出了适合残疾人使用的信息产品和符合残疾人需要的无障碍业务服务，研发了盲文计算机系统、盲人读书机、触摸屏幕、声控手机电话、残疾人用特殊软件等信息、通信技术和产品设备。信息无障碍建设研究工作也取得进展，2007年，中国残联与科技部联合开展了系列残疾人信息无障碍建设研究项目，并将"中国残疾人信息无障碍关键技术支撑体系及示范应用"纳入"十一五"科技支撑计划国家重点项目。

为切实推进我国无障碍信息交流建设工作，党中央、国务院专门进行了部署。《中共中央、国务院关于促进残疾人事业发展的意见》强调要

"积极推进信息和交流无障碍",《中国残疾人事业"十二五"发展纲要》提出:"将信息无障碍纳入信息化相关规划,更加关注残疾人享受信息化成果、参与信息化建设进程。制定信息无障碍技术标准,推进通用产品、技术信息无障碍。推进互联网和手机、电脑、可视设备等信息无障碍实用技术、产品研发和推广,推动互联网网站无障碍设计。各级政府和有关部门采取无障碍方式发布政务信息。推动公共服务行业、公共场所、公共交通工具建立语音提示、屏显字幕、视觉引导等系统。推进聋人手机短信服务平台建设。推进药品和食品说明的信息无障碍。图书和声像资源数字化建设实现信息无障碍。"因此,将无障碍信息交流纳入信息化建设规划,并采取措施推进信息交流无障碍是县级以上人民政府的重要职责。

第十九条 县级以上人民政府及其有关部门发布重要政府信息和与残疾人相关的信息,应当创造条件为残疾人提供语音和文字提示等信息交流服务。

〔释义〕本条是关于政府采取无障碍方式发布政务信息服务的规定。

《残疾人保障法》第五十四条规定:各级人民政府和有关部门应当采取措施,为残疾人获取公共信息提供便利。2008年5月1日起实施的《中华人民共和国政府信息公开条例》明确规定:"各级人民政府及县级以上人民政府部门应当建立健全行政机关的政府信息公开工作制度,并指定机构负责本行政机关政府信息公开的日常工作";"各级人民政府应当在国家档案馆、公共图书馆设置政府信息查阅场所,并配备相应的设施、设备,为公民、法人或者其他组织获取政府信息提供便利";"申请公开政府信息的公民存在阅读困难或者视听障碍的,行政机关应为其提供必要的帮助。"《中国残疾人事业"十二五"发展纲要》规定:"各级政府和有关部门采取无障碍方式发布政务信息。"

残疾人由于感官感知障碍,不能方便地获取必要的信息,如采用多种可替代的方式,可以满足有不同障碍的人群在获取和表达信息上的特殊需求。

政务信息公开的目的是为了让所有公众了解和知晓,对于重要的或与残疾人相关的政务信息有必要使用可替代的方式达到上述目的。因此政府及相关部门应当创造条件使用无障碍信息交流方式作为重要或紧急政务信息发布的手段,即通过广播、盲文、字幕、手语、手机短信等形式发布政务信息。

第二十条 国家举办的升学考试、职业资格考试和任职考试,应当为视力残疾人提供盲文试卷、电子试卷,或者由工作人员予以协助。

〔释义〕本条是关于为视力残疾人参加考试提供无障碍服务的规定。

须提供无障碍服务的考试范围:国家举办的升学考试、职业资格考试和任职考试。提供无障碍服务的形式:提供盲文试卷、电子试卷,或者由工作人员予以协助。盲文试卷是用盲文制作的试卷。电子试卷是指方便盲人考试的电子版文本试卷,盲人可以借助无障碍读屏软件阅读、考试。工作人员的协助包括为盲人提供单独的考试场所、为盲人朗读试卷内容、盲人口答、由工作人员为盲人提供文字记录服务等。

我国有1233万视力残疾人,他们在学习、工作、生活中面临许多常人难以想象的困难,参加升学、职业资格、任职等考试,是他们拥有的一项公民权利,保障盲人的公民权利是政府义不容辞的责任。我国宪法第四十五条规定:"国家和社会帮助安排盲、聋、哑和其他有残疾的公民的劳动、生活和教育。"宪法第四十六条规定:"中华人民共和国公民有受教育的权利和义务。"《残疾人保障法》第三条规定:"残疾人在政治、经济、文化、社会和家庭生活等方面享有同其他公民平等的权利。残疾人的公民权利和人格尊严受法律保护。"《残疾人保障法》第二十一条也规定:"国家保障残疾人享有平等接受教育的权利",第五十四条规定:"国家举办的各类升学考试、职业资格考试和任职考试,有盲人参加的,应当为盲人提供盲文试卷、电子试卷或者由专门的工作人员予以协助。"

目前,人社部举办的心理咨询师考试等已开始使用电子试卷。北京联合大学特殊教育学院招收盲人学生也采用盲文卷、大字卷、电子试卷等形式。

第二十一条 设区的市级以上人民政府设立的电视台应当创造条件，在播出电视节目时加配字幕，每周播放至少一次配备手语的新闻节目。

公开出版发行的影视类录像制品应当配备字幕。

〔释义〕本条是关于电视台等影视媒体和影视类影像制品在节目中提供字幕或手语服务的规定。

电视台应当创造条件在播出的电视节目中加配字幕，并播放手语新闻节目。《残疾人权利公约》第三十条第一款规定："缔约国确认残疾人有权在与其他人平等的基础上参与文化生活，并应当采取一切措施确保残疾人获得以无障碍模式提供的文化材料，获得以无障碍模式提供的电视节目、电影、戏剧和其他文化活动。"《中国残疾人事业"十二五"发展纲要》规定："电视台要积极创造条件开办手语栏目，继续推进影视剧和电视节目加配字幕。"

影视节目加配字幕不仅可以方便听力残疾人，也可以满足其他人的需求，例如普通话影视剧在地方播出，或者方言影视剧播出时，受众群体不同也会带来一定的困扰。如果有字幕作为一种媒体服务的替代方式，可以很便捷地解决上述问题，给大众带来便利。手语新闻栏目的受众是听障残疾人。新闻节目是公众了解国家政策和时事的重要途径，然而目前很多时事新闻都没有加配字幕，给听障残疾人及时了解信息造成了困难。因技术原因无法同步播出字幕的节目，应采用手语的形式进行替代。

考虑到我国的实际情况以及县级电视台的条件，条例中只对市级以上电视台提出了相关要求。相信随着社会文明的日益进步和信息技术的日渐成熟，会有更多的电视台及网络等媒体越来越兼顾不同群体的各类需求，逐渐在各类节目中加配字幕和手语。

出版发行的影视类影像制品应配有同声字幕。出版的影视类影像制品配有同声字幕既没有技术问题，也不会增加过多成本，却可以方便包括听障残疾人在内的所有大众。《中国残疾人事业"十二五"发展纲要》提出："图书和音像资源数字化建设实现信息无障碍。"相信在法规的要求、相关政策的鼓励和扶持下，将会有更多的出版、制作、发行单位为影视类影像制品配备同声字幕。

第二十二条　设区的市级以上人民政府设立的公共图书馆应当创造条件开设视力残疾人阅览室，提供盲文读物、有声读物；其他图书馆应当逐步开设视力残疾人阅览室。

〔释义〕本条是关于公共图书馆为视力残疾人提供信息无障碍服务的规定。

《残疾人权利公约》提出使残疾人能够获得平等参与文化生活的权利，"获得以无障碍模式提供的文化材料"。联合国《关于残疾人的世界行动纲领》第一百三十五条规定："会员国应确保残疾人有机会充分利用他们的创意、艺术和智慧潜力，不仅是为他们自己而且也是为造福社会。为此目的，应确保他们享有文化活动。必要时，应作出特别安排满足心智和感官上有缺陷的人的需要。这些可以包括聋人助听器、盲人点字印刷书籍和录音带、适合智力残疾人的阅读材料等。"

图书馆是公民获得知识和信息的重要场所，图书馆服务本身就体现了公民的平等参与文化生活的权利。由于残疾，残疾人在学习和交流上存在诸多障碍，因此根据残疾人的特点为残疾人提供相应合适的读物，如盲文读物、盲人有声读物以及其他残疾人读物等，具有非常重要的意义，可以保障残疾人在相应信息获取上的无障碍，也可以增强残疾人融入社会、参与社会竞争的能力，陶冶残疾人的情操，丰富残疾人的文化生活。政府和社会应对盲文读物、盲人有声读物以及其他残疾人读物的编写出版提供政策、资金、人员等多方面的相应扶持和帮助。各级公共图书馆通过设立盲人阅览室开展借阅服务，是满足盲人群体的文化需求，使盲人了解社会发展融入社会生活的有效渠道之一。在文化部和地方各级文化部门以及各级残联组织的支持和共同努力下，目前部分省级公共图书馆及地市级图书馆已设立了盲人阅览室，为视力残疾人享受文化服务提供了方便。为了保障公共图书馆切实为残疾人提供服务，《残疾人保障法》规定：政府和社会应当"组织和扶持盲文读物、盲人有声读物及其他残疾人读物的编写和出版，根据盲人的实际需要，在公共图书馆设立盲文读物、盲人有声读物图书室。"《中国残疾人事业"十二五"发展纲要》提出：各级公共图书馆应设立盲人阅览室，配置盲文图书及有关阅读设备，做好盲人阅读服务。资助中西部地区设区的市、县两级公共图书馆盲人阅览室建设。考虑到设区的市级公共图书馆已具备条件,条例对此做出了设立盲人阅览室的强制性规定;对县级公共图书馆和其他性质的图书馆,条例提出应当逐步设立盲人阅览室。

第二十三条 残疾人组织网站应当达到无障碍网站设计标准;设区的市级以上人民政府网站、政府公益活动网站,应当逐步达到无障碍网站设计标准。

〔释义〕本条是关于政府网站、公益活动网站以及为残疾人提供服务的网站无障碍建设和改造的规定。

《残疾人权利公约》第九款提出,"促使残疾人有机会使用新的信息、通信技术和系统,包括互联网",《中国残疾人事业"十二五"发展纲要》也要求"推动互联网网站无障碍设计"。

国际网页易读性倡议组织(WAI)于2006年4月发布了第二个版本的网站无障碍技术标准(WCAG2.0),这个标准对各国标准制定有着重要影响,许多国家和地区以该标准为参考制定了本国和本地标准。同时,各国还将无障碍网站建设纳入政策法规的要求之中。

网站无障碍的内容,应考虑无论任何人都可以无障碍地上网并获取信息,都能够从网络的环境中平等地访问到同等的信息。例如,使用图形化、动画以及视频的表述方式时,应考虑到视力障碍的用户使用网络的特殊情况,加配文本文件。在包含音频信息的多媒体网页中,应考虑到听力障碍用户的需求,加配字幕等视频。

2008年,工业和信息化部制定了《无障碍上网技术要求》,2012年再次进行了修订,为我国网站无障碍建设和改造提供了技术支持。目前,我国部分市政府门户网站和政府部门网站实行了无障碍设计,部分省市残联网站也达到了无障碍的要求。2008年北京残奥会、2010年上海世博会和2010年广州亚残运会的网站也都运用了无障碍设计。考虑到残疾人组织网站与残疾人的服务信息密切相关,是残疾人获取信息的重要渠道,因此规定应当达到无障碍网站设计标准。同时,政府网站和政府公益活动网站是发布政务信息的重要平台,也应进行无障碍改造,考虑到数量较多且改造需要一段时间,规定应当逐步达到无障碍网站设计标准。

第二十四条 公共服务机构和公共场所应当创造条件为残疾人提供语音和文字提示、手语、盲文等信息交流服务，对从业人员进行无障碍服务技能培训。

〔释义〕本条是关于公共服务机构和公共场所提供信息交流无障碍服务的规定。

公共服务机构和场所主要包括：国家机关的对外服务场所、交通运输、医疗卫生、文化体育、商业旅游、金融邮政、社区服务等公共服务场所，以及民航客机、铁路旅客列车、地铁、城市轻轨列车、公共汽车、公共电车、出租汽车、长途客车、客运轮渡等公共交通工具。

为残疾人、老年人提供无障碍服务是政府相关部门、公共服务机构和有关单位的责任和义务。《残疾人保障法》第五十五条规定："公共服务机构和公共场所应当创造条件，为残疾人提供语音和文字提示、手语、盲文等信息交流服务，并提供优先服务和辅助性服务。"《中共中央国务院关于促进残疾人事业发展的意见》明确要求："公共机构要提供语音、文字提示、盲文、手语等无障碍服务。"《残疾人权利公约》第九条第二款中第（二）项规定："确保向公众开放或为公众提供设施和服务的私营实体在各个方面考虑为残疾人创造无障碍环境。"公共服务机构和场所要为残疾人、老年人等特殊群体提供高质量的无障碍服务，首先需要相关人员具备无障碍服务意识，其次，还应掌握各种无障碍设施、设备的使用方法和无障碍服务技能，这需要通过相关培训并在工作实践中来培养和强化。

目前，我国相当多的城市公共服务机构和公共场所、公共交通工具已开始并逐步加强提供无障碍服务，如有的机构和场所开辟了残疾人优先窗口，有的对残疾人减免收费，有的行业从业人员能掌握一定程度的手语，有的建立了电子信息屏幕显示系统或提供语音服务，有的开辟了低位柜台、设置了坡道和盲道等无障碍设施，有的配备了轮椅，有的还为残疾人提供志愿者服务等等。但总体上说，我国公共服务机构和场所提供的无障碍服务，还不能满足残疾人等有特殊需求的人群的需要，应当予以加强。

第二十五条 在听力残疾人集中参加的公共活动中,举办单位应当提供字幕或者手语服务。

〔释义〕本条是关于举办听力残疾人集中参加的公共活动时应提供信息无障碍服务的规定。

《残疾人权利公约》第二十一条要求确保残疾人拥有"通过自行选择交流方式,寻求、接受、传递信息和思想的自由";"在正式事务中允许和便利使用手语、盲文、辅助和替代性交流方式及残疾人选用的其他一切交流手段、方式和模式"。

我国共有听力残疾人2054万,是一个数量庞大的特殊群体。在有听力残疾人集中参加的公共活动中使用字幕或手语等辅助技术手段,为他们获取信息提供帮助十分必要。听力残疾人集中参加的公共活动主要指由行政机关、事业单位、社会团体举办的有较多听力残疾人参加的公共集会,如行政机关、事业单位、社会团体举办的涉及残疾人事务的活动及各级残联、专门协会举办的代表大会、主席团会、工作会议等等。

大型活动提供字幕、手语服务不仅仅是为听力残疾人提供特殊的服务,更重要的是体现社会对服务对象的平等以及"我为人人,人人为我"的和谐理念。

第二十六条 电信业务经营者提供电信服务时,应当逐步向有需求的听力、言语残疾人提供文字信息服务,向有需求的视力残疾人提供语音信息服务。

电信终端设备制造商应当提供能够与无障碍信息交流服务相衔接的技术、产品。

〔释义〕本条是关于电信服务和信息产品采用信息无障碍设计提供信息服务的规定。

关于电信服务。《残疾人权利公约》第二十一条规定:"敦促向公共提供服务,包括通过互联网提供服务的私营实体,以无障碍和残疾人可以使用的模式提供信息和服务。"序言第九条第二款第六项规定:"促进向残疾人提供其他适当形式的协助和支持,以确保残疾人获得信息。"

当前,网络信息技术已经渗透到人们生活的方方面面,基本形成了数字化、信息化的生活环境，获得信息和通信服务已经成为社会成员的基本权利。由于目前通信服务主要是以健全人为对象，对残障人、老年人等特殊群体的特殊需求考虑不周，导致他们在信息查询、获取和使用方面存在很大障碍。如不尽快减小这种差距，特殊群体将日益被边缘化且无法保证他们能够平等参与社会生活，共享社会发展的权益。

只有提供配套的信息交流无障碍服务，才能确保残疾人进行无障碍信息交流。因此电信企业及运营服务单位应当根据残疾人的特点和需求，提供方便听力、言语残疾人的文字信息，方便视力残疾人的语音信息等信息交流无障碍服务。如电信企业在设计业务的时候，应考虑为残疾人使用服务提供可替代的方式，即搜索引擎提供文字和语音两种输入方式等。电信企业还应支持方便残疾人的信息服务，例如中转服务等。

关于信息技术产品。《残疾人权利公约》第九条提出："促进在早期阶段设计、开发、生产、推行无障碍信息、通信技术和系统，以便能以最低成本使这些技术和系统无障碍。"《残疾人保障法》第五十四条规定："国家和社会研制、开发适合残疾人使用的信息交流技术和产品。"

为实现信息交流无障碍的最终目的，信息产品在设计上应充分考虑：可用、宜用、兼容和通用、普及、耐用、安全、可扩展。

虽然目前我国已制定了相关信息产品的无障碍标准，但需要切实推广实施。

国家和政府应出台相应的保障措施和激励措施，鼓励、倡导、推行信息无障碍标准、技术规范在社会相关行业的逐步普及。电信终端设备制造商也有义务生产提供与无障碍信息交流服务相衔接的技术、产品。同时，在相关技术、产品生产中，考虑广大残疾人及全社会成员的需求特点，生产厂商也将获得经济效益和社会效益。

第四章　无障碍社区服务

第二十七条　社区公共服务设施应当逐步完善无障碍服务功能，为残疾人等社会成员参与社区生活提供便利。

〔释义〕本条是社区公共服务设施为残疾人提供无障碍服务的规定。

一个社区至少包括以下特征：有一定的地理区域；有一定数量的人口；居民之间有共同的意识和利益，并有着较密切的社会交往。

社区一般具有以下几种功能：①管理功能：管理生活在社区的人群的社会生活事务；②服务功能：为社区居民和单位提供社会化服务；③保障功能：救助和保护社区内的弱势群体；④教育功能：提高社区成员的文明素质和文化修养；⑤安全稳定功能：化解各种社会矛盾，保证居民生命财产安全。为了维持社区的正常运作，社区设有各种层次的管理和服务机构。这些机构管理着社区的各种事务，为社区成员提供相关服务。各级政府部门、基层管理服务组织都是社区的管理和服务机构。在我国农村，基层社区管理组织是村民委员会；在城市，基层社区管理组织是居民委员会。

社区之于残疾人，与其他人群相比，重要性尤为突出，因此，社区为残疾人提供无障碍服务就更为重要和迫切。为残疾人提供无障碍服务，是政府、社区的一项重要职责，对于保障残疾人权益，促进残疾人平等参与社会生活具有重要意义。服务内容包括：社区道路、公共服务设施应加强无障碍设施建设和改造，如坡道、盲道、设施无障碍出入口、内部低位柜台、无障碍卫生间、电梯、无障碍标识等等，以方便残疾人出入、通行、使用相关设施；公共服务设施同时还应为残疾人提供字幕显示、声音、盲文提示、手语服务等信息交流无障碍服务；政府、社区工作人员和志愿者等为残疾人提供无障碍服务，如选举服务、报警呼叫服务、相关业务上门服务、家庭服务等等。

第二十八条 地方各级人民政府应当逐步完善报警、医疗急救等紧急呼叫系统，方便残疾人等社会成员报警、呼救。

〔释义〕本条是关于完善各类报警、呼叫系统信息无障碍服务的规定。《残疾人权利公约》第九章提出："为了使残疾人能够独立生活和充分参与生活的各个方面，缔约国应当采取适当措施，确保残疾人在与其他人平等的基础上，无障碍地进出物质环境，使用交通工具，利用信息和通信，包括信息和通信技术和系统，……包括电子服务和应急服务。"

紧急呼叫和应急服务是针对所有人开放的，在紧急情况下的通信服务，关系到公民的生命和财产安全。目前紧急呼叫采用的基本模式，对于行动不便、听力和视力残疾人而言有很大困难。而这些人又是紧急呼叫潜在的最大用户群，因为他们在生活中遇到困难、寻求帮助的可能性最大。如何简化报警操作，增加多种报警接入模式使得更多的身体机能有一定障碍的人群能够使用紧急呼叫服务，不仅是一项技术问题，更是一个社会是否关注社会成员权利平等的重要体现。

紧急呼叫采用多种可以替代的无障碍接入方式，可以满足不同残疾类型的特殊需求。这里提到的多种接入无障碍包括提供通信的通道是可替代的，例如除了语音之外，提供文字方式报警可以有效解决听力有障碍人群的报警问题；还包括报警设备的无障碍接入，如适用于老人或盲人的一键报警设备等。随着技术的发展，报警平台可以逐步整合各类紧急呼叫，如火警、匪警、医疗急救、交通事故以及社区公共服务等等，采用简单的接入号码完成多种类型的基本呼叫业务。

报警平台是关乎公民生命、财产安全的重要信息平台，因此对报警平台应该有严格的标准，规范其接入能力、接入方式、呼叫处理时间以及处理效率等技术问题。此外，简化报警程序，配合报警平台发展报警产品，或在普通通信产品上增加报警功能等，通过各种渠道解决各类身体机能有障碍的人群的报警难题也是迫在眉睫需要解决的问题。目前，我国部分省市已开通聋人短信急救报警服务（110、120、119），其他省市也在逐步开通。上海除聋人短信急救报警服务外，还把为聋人提供水、电、气维修纳入短信急救报警呼叫服务内容。

第二十九条 对需要进行无障碍设施改造的贫困家庭，县级以上地方人民政府可以给予适当补助。

〔释义〕本条是对残疾人家庭进行无障碍改造给予财政补助的规定。

残疾人有平等参与社会的权利和愿望，对残疾人家庭进行无障碍设施改造，对于消除残疾人的生活障碍，提高残疾人生活质量具有重要意义。

与公共建筑相比，我国残疾人家庭无障碍环境建设和改造工作薄弱。我国共有残疾人家庭7050万户。另外，随着我国老年人口增长高峰的到来，人口老龄化的进程将进一步加快，高龄老人和"失能老人"的数量将会大量增加。这些残疾人、老年人家庭如果没有无障碍设施和无障碍用品，将影响到他们生活状况的改善，导致他们难以充分参与社会生活。

《中共中央国务院关于促进残疾人事业发展的意见》提出："要对贫困残疾人家庭住宅无障碍改造提供资助。"为带动和促进残疾人家庭无障碍改造工作的开展，2010年，由中央财政出资，财政部、中国残联对11个省（自治区）的20个城市500户残疾人家庭进行了贫困残疾人家庭无障碍改造试点工作，为深入开展贫困残疾人家庭无障碍改造工作提供了经验。《中国残疾人事业"十二五"发展纲要》将贫困残疾人家庭无障碍改造工作作为重点工作之一进行部署，"十二五"期间，国家将广泛开展贫困残疾人家庭无障碍改造工作，中央财政出资2.8亿元，为8万户城乡贫困残疾人家庭无障碍改造提供补助。

家庭无障碍设施的改造内容一般包括：地面平整及坡化、低位灶台（盲人家庭灶台有煤气泄露报警装置）、房门改造、坐便器改造、安装卫生间热水器、扶手或抓杆（洗手池扶手、坐便器扶手、淋浴扶手）、浴凳及改善残疾人家居卫生条件的其他设施等。在这项工作中，县级以上地方人民政府给予适当补助，有利于推动残疾人家庭无障碍改造工作的开展。近些年来，全国许多省市都由地方财政出资，对贫困残疾人家庭无障碍改造给予了资金补助。每户改造费用几百元至几千元不等，不仅维护了残疾人权益，也为促进残疾人实现小康奠定了物质基础。

第三十条 组织选举的部门应当为残疾人参加选举提供便利，为视力残疾人提供盲文选票。

〔释义〕本条是关于保障残疾人选举权利的规定。

我国宪法第三十四条规定："中华人民共和国年满十八周岁的公民，不分民族、种族、性别、职业、家庭出身、宗教信仰、教育程度、财产状况、居住期限，都有选举权和被选举权；但是依照法律被剥夺政治权利的人除外。"《残疾人保障法》第六条规定："国家采取措施，保障残疾人依照法律规定，通过各种途径和形式，管理国家事务，管理经济和文化事业，管理社会事务。"《残疾人保障法》第五十六条还规定："组织选举的部门应当为残疾人参加选举提供便利；有条件的，应当为盲人提供盲文选票。"

在现实生活中，残疾人由于自身残疾的影响和客观条件的限制，参加选举可能会遇到一定的困难，需要相关部门特别是组织选举的部门协助和提供便利，比如，选举场所要建有无障碍设施，提供相关无障碍服务，特别是对于不能独立填写选票的盲人，应当为其提供盲文选票，或者由工作人员给予协助，以直接体现盲人的意愿。这些是帮助残疾人特别是盲人实现选举权利的重要措施，更是国家重视残疾人选举权利的重要体现。

随着我国民主制度的不断完善，残疾人行使选举权利的条件将更加便利。

第五章 法律责任

第三十一条 城镇新建、扩建、改建道路、公共建筑、公共交通设施、居住建筑、居住区，不符合无障碍设施工程建设标准的，由住房和城乡建设主管部门责令改正，依法给予处罚。

〔释义〕本条是关于新建、改建、扩建道路和建筑物不符合无障碍设施工程建设标准应承担的法律责任的规定。

为了在新建建筑中贯彻无障碍环境建设的要求，在立法上，对从工程设计、施工、监理到竣工验收的各个环节，有必要规定各个参与主体的法律义务和责任。设计单位依照有关无障碍设施设计规范和标准进行设计，是无障碍设施建设的前提和保证。施工单位依照有关无障碍设施设计规范和标准进行施工，是无障碍设施功能得以实现的关键。监理单位作为依法行使建设监理职权的单位，除了根据建设单位的委托事项进行工程监理外，还必须依照国家规范和标准进行工程建设监理。作为工程建设过程中的监督主体，监理单位对监督建设单位依法进行无障碍设施建设具有直接的控制力。建设单位作为工程的所有人，对于属于附属于建筑的无障碍设施，是对建设工程无障碍设施建设检验验收的权利人，有权要求设计、施工、监理等部门履行合同，保证无障碍设施的建设质量。同时，无障碍建设的主要责任在于所有权人、管理人，也就是建设单位，无障碍设施具有公益属性，在一般情况下，无障碍设施缺位并不对建设单位构成权益上的直接侵害，建设单位往往可能怠于对无障碍设施进行竣工验收。

由于无障碍设施工程建设标准属于工程建设强制性标准，对在设计、施工、监理、验收环节中有关部门不执行无障碍设施工程建设标准行为的处罚，可由住房城乡建设主管部门依据《残疾人保障法》、《建筑法》特别是《城市道路管理条例》、《建设工程质量管理条例》的相关规定执行。

《残疾人保障法》第五十三条明确规定，新建、改建和扩建建筑物、道路等，应当符合国家有关无障碍设施工程建设标准；第六十六条规定，违反本法规定，新建、改建和扩建建筑物、道路、交通设施，不符合国家有关无障碍设施工程建设标准，或者对无障碍设施未进行及时维修和保护造成后果的，由有关主管部门依法处理。

《建筑法》第七十三条规定，建筑设计单位不按照建筑工程质量、安全标准进行设计的，责令改正，处以罚款；造成工程质量事故的，责令停业整顿，降低资质等级或者吊销资质证书，没收违法所得，并处罚款；造成损失的，承担赔偿责任；构成犯罪的，依法追究刑事责任。第七十四条规定，建筑施工企业在施工中偷工减料的，使用不合格的建筑材料、建筑构配件和设备的，或者有其他不按照工程设计图纸或者施工技术标准施工的行为的，责令改正，处以罚款；情节严重的，责令停业整顿，降低资质等级或者吊销资质证书；造成建筑工程质量不符合规定的质量标准的，负责返工、修理，并赔偿因此造成的损失；构成犯罪的，依法追究刑事责任。

《建设工程质量管理条例》第五十六条规定：建设单位有下列行为之一的，责令改正，处20万元以上50万元以下的罚款：（三）明示或者暗示设计单位或者施工单位违反工程建设强制性标准，降低工程质量的；（四）施工图设计文件未经审查或者审查不合格，擅自施工的。第五十八条规定，建设单位有下列行为之一的，责令改正，处工程合同价款百分之二以上百分之四以下的罚款；造成损失的，依法承担赔偿责任；（一）未组织竣工验收，擅自交付使用的；（二）验收不合格，擅自交付使用的；（三）对不合格的建设工程按照合格工程验收的。第六十三条规定：有下列行为之一的，责令改正，处10万元以上30万元以下的罚款：（一）勘察单位未按照工程建设强制性标准进行勘察的；（四）设计单位未按照工程建设强制性标准进行设计的。有前款所列行为，造成工程质量事故的，责令停业整顿，降低资质等级；情节严重的，吊销资质证书；造成损失的，依法承担赔偿责任。第六十四条规定，违反本条例规定，施工单位在施工中偷工减料的，使用不合格的建筑材料、建筑构配件和设备的，或者有不按照工程设计图纸或者施工技术标准施工的其他行为的，责令改正，处工程合同价款百分之二以上百分之四以下的罚款；造成建设工程质量不符合规定的质量标准的，负责返工、修理，并赔偿因此造成的损失；情节严重的，责令停业整顿，降低资质等级或者吊销资质证书。

《城市道路管理条例》第十七条规定：城市道路的设计、施工，应当严格执行国家和地方规定的城市道路设计、施工的技术规范。城市道路施工，实行工程质量监督制度。城市道路工程竣工，经验收合格后，方可交付使用；未经验收或者验收不合格的，不得交付使用。第三十九条规定：违反本条例的规定，有下列行为之一的，由市政工程行政主管部门责令停止设计、施工，限期改正，可以并处3万元以下的罚款；已经取得设计、施工资格证书，情节严重的，提请原发证机关吊销设计、施工资格证书：（一）未取得设计、施工资格或者未按照资质等级承担城市道路的设计、施工任务的；（二）未按照城市道路设计、施工技术规范设计、施工的；（三）未按照设计图纸施工或者擅自修改图纸的。

第三十二条 肢体残疾人驾驶或者乘坐的机动车以外的机动车占用无障碍停车位，影响肢体残疾人使用的，由公安机关交通管理部门责令改正，依法给予处罚。

〔释义〕本条是关于非法占用无障碍停车位应承担的法律责任的规定。

《残疾人保障法》第五十五条规定，有条件的公共停车场应当为残疾人设置专用停车位。由于需要使用轮椅、拐杖等辅助器具，普通停车位不适合残疾人使用。目前我国允许包括左下肢、右下肢、双下肢残疾在内的肢体残疾人和部分听力残疾人驾驶汽车。随着我国经济社会发展，将有越来越多的残疾人通过驾驶汽车出行和参与社会生活。同时，肢体残疾人乘坐的机动车停车的，也需要给予一定的便利，因此与国际接轨为残疾人设置专用停车位并对非法占用无障碍停车位的处罚十分必要。

国际上大多数国家和地区都通过立法对无障碍停车位的设置和管理进行规定，同时对违反行为规定了严厉处罚措施。如英国爱丁堡对占用残疾人专用停车位的参照违章停车的相关规定给予30~60英镑不等数额的罚款。克罗地亚规定，占用残疾人专用停车位的，视情节一般处以1000~8000库纳的罚款。

目前，我国相关主管部门已制定了无障碍停车位设置数量及具体设置要求的相关规定和标准。为保障残疾人的权益，同时体现对残疾人的关心和帮助，规定非肢体残疾人专用或乘坐的机动车不得占用无障碍停车位。根据我国目前的停车场管理体制，公安机关交通管理部门负责道路上停车位的管理，所有权人或管理人或物业管理部门负责建筑物内、小区内、产权、管理权范围内停车位的管理。考虑到我国国情，也考虑到残疾人驾车工作在我国还属新生事物，人们对此有一个认识和了解的过程，对非肢体残疾人专用或乘坐的机动车占用无障碍停车位的行为，先由公安机关交通管理部门或相关部门劝阻或责令改正，拒不改正的，属不按规定停车的违章行为，参照国外相关管理经验，可以由公安交通行政主管部门依据《道路交通安全法》违章停车的规定处罚。《道路交通安全法》第九十三条规定，对违反道路交通安全法律、法规关于机动车停放、临时停车规定的，可以指出违法行为，并予以口头警告，令其立即驶离。机动车驾驶人不在现场或者虽在现场但拒绝立即驶离，妨碍其他车辆、行人通行的，处二十元以上二百元以下罚款，并可以将该机动车拖移至不妨碍交通的地点或者公安机关交通管理部门指定的地点停放。

第三十三条　无障碍设施的所有权人或者管理人未对无障碍设施进行保护和及时维修，导致无法正常使用的，由有关主管部门责令限期维修；造成使用人人身、财产损害的，无障碍设施的所有权人或者管理人应当承担赔偿责任。

〔释义〕本条是关于无障碍设施所有权人或管理人不履行维护义务时应当承担的法律责任的规定。

我国《残疾人保障法》第五十九条第四款规定："对无障碍设施应当及时维修和保护。"第六十六条规定："违反本法规定，新建、改建和扩建建筑物、道路、交通设施，不符合国家有关无障碍设施工程建设标准，或者对无障碍设施未进行及时维修和保护造成后果的，由有关主管部门依法处理。"

首先，无障碍设施能够正常使用依赖于正常维护。无障碍设施的维护管理责任人应当对无障碍设施进行维护和管理，确保无障碍设施能够正常使用。无障碍设施无法正常使用或存在安全隐患的，责任人应当及时修复。规定维护主体的责任，有利于明确维护无障碍设施的责任人，避免维护过程中相互推诿、不履行责任现象的产生。

其次，无障碍设施的建设、维护根本上是为了保障残疾人、老年人等特殊群体的权利，使其能够正常参与社会生活。维护管理不当往往不能满足这些使用人的需求，相反还可能对其人身、财产造成损害。对于因维护管理不当造成使用人人身、财产损害的，应当依据相关法律承担赔偿责任。

该条关于无障碍设施维护管理主体的责任，主要有两个条款构成，第一款是关于无障碍设施的所有权人或管理人未履行对无障碍设施的有效维护管理义务时所应承担的责任，第二款是关于因维护管理不当造成使用人人身、财产损害的，所有人或管理人应当依法承担赔偿责任。

维护管理责任主体是指公共建筑、居住建筑、城市道路和居民区内道路、公共绿地、公共服务设施的所有权人；所有权人、管理人之间约定维护管理责任的，由约定的责任人负责。原因在于所有权人对无障碍设施享有占有、使用、收益、处分的完全权利，为了保证无障碍设施的正常使用，需要由其负担日常的维护和管理义务；当所有权人与实际使用人不一致时，可以由所有人、管理人之间约定具体的责任归属。一般情况下该主体是无障碍设施的所有人或使用人，但在政府作为所有人的情形，还需明确具体的责任主体，确保责任落实到具体的部门。

无障碍设施的维护包括养护和维修两个组成部分。养护主要是对无障碍设施的日常性工作，保证无障碍设施良好的状态，确保能够正常使用。维修则是当无障碍设施出现部分损坏或出现某些隐患时，能够及时地进行修复或修正，恢复无障碍的功能或消除存在的隐患。

因而，无障碍设施的维护管理人不履行日常养护和维修责任，致使无障碍设施无法正常使用的，应当由有关行政部门责令限期改正。对于无障碍设施的维护管理人因维护管理不当造成使用人人身、财产损害的，维护管理人应承担赔偿责任。对行政主管部门来说，也要加强对无障碍设施的维修和管理，整顿和清理无障碍设施被占用、被破坏的现象，并加强对承担城市道路、建筑物养护、维修的单位的监管。对于无障碍设施未进行及时维修和保护造成残疾人人身、财产受到损害的后果的，要追究相应的法律责任。《城市道路管理条例》第四十一条规定:"承担城市道路养护、维修的单位违反本条例的规定,未定期对城市道路进行养护、维修或者未按照规定的期限修复竣工,并拒绝接受市政工程行政主管部门监督、检查的,由市政工程行政主管部门责令限期改正,给予警告;对负有直接责任的主管人员和其他直接责任人员,依法给予行政处分。"

第三十四条 无障碍环境建设主管部门工作人员滥用职权、玩忽职守、徇私舞弊的,依法给予处分;构成犯罪的,依法追究刑事责任。

〔释义〕本条是关于行政机关及其工作人员不履行法定职责或者滥用职权应承担的法律责任的规定。

在无障碍环境建设过程中,政府需要承担大量的责任,履行相应的职责,根据法律规定,不同部门又有着相应的分工。政府一方面需要鼓励、倡导、支持无障碍环境建设,另一方面又需要对无障碍环境建设的各个环节进行监督。行政机关及其工作人员不履行职责或滥用职权会导致无障碍环境建设在实践中难以落实,最终会损害整个社会的利益。根据行政机关权责统一的原则,在赋予行政机关及其工作人员一定的行政监督管理及执法职权的同时,为了保证行政机关及其工作人员恰当地行使职权,防止行政机关及其工作人员滥用职权,必须规定行政机关及其工作人员相应的法律责任。

该条文分别对责任的主体、内容及形式做了规定。该责任的主体是直接负责的主管人员和其他责任人,采取的是双罚制。理由在于,虽然行政人员代表行政主体行使职权的后果应当由行政主体承担,但行政人员在行使职权时也可能错位地实施个人行为。即使是代表行政主体实施行政行为,也可能因其自身的过错承担相应的责任。需承担法律责任的情形即为不履行法定职责或者滥用职权。

在具体的责任形式上,首先依然是行政法律责任的首要形式——责令改正,对违法和不当行为进行纠正;其次要对直接负责的主管人员和其他责任人给予行政处分。行政处分是行政主体对其所犯有违法或违纪行为但尚未构成犯罪的工作人员所实施的行政制裁,具体形式有:警告、记过、记大过、降级、撤职、开除。对于具体行政处分的内容，由任免机关或者监察机关按照国家《公务员法》、《行政机关公务员处分条例》及其他相关法律法规的规定处理。对于违法情节严重，可能构成犯罪的，要依法追究其刑事责任。

根据刑法的有关规定，行政工作的人员滥用职权、玩忽职守、徇私舞弊的行为可能构成以下犯罪：

滥用职权罪和玩忽职守罪。第三百九十七条，国家机关工作人员滥用职权或玩忽职守，致使公共财产、国家和人民利益遭受重大损失的，处三年以下有期徒刑或者拘役；情节特别严重的，处三年以上七年以下有期徒刑。本法另有规定的，依照规定。

国家机关工作人员徇私舞弊，犯前款罪的，处五年以下有期徒刑或者拘役；情节特别严重的，处五年以上十年以下有期徒刑。本法另有规定的，依照规定。

第六章 附 则

第三十五条 本条例自 2012 年 8 月 1 日起施行。

〔释义〕本条是关于法规生效日期的规定。

法规生效日期，是任何一部法规都要涉及到的问题。一部法律法规通过以后，就产生了从什么时候开始生效、在什么地域范围内生效、对什么人生效的问题，这些问题就是法律法规的效力范围问题。法规效力范围包括时间效力、空间效力、对人的效力三个方面。法律的生效日期是关于法律的时间效力问题的规定。《立法法》第五十一条规定："法律应当明确规定施行日期。"法规施行日期即生效时间，是法规效力的起点。

法规从何时开始生效，要根据法规的性质和实际需要来决定。我国立法实践通常有以下几种生效方式：一是法规公布后，经过一段时间才施行，法规中明确规定生效施行的具体日期。二是在法规条文中没有直接规定具体的生效日期，而是规定"本条例自公布之日起施行"，根据《立法法》的规定，行政法规由总理签署国务院令公布。那么总理的签署日期就是条例的公布之日，就是条例生效之日。本条例采用的是第一种形式。2012 年 6 月 28 日，国务院总理温家宝签署第 622 号国务院令，发布《无障碍环境建设条例》，自 2012 年 8 月 1 日起施行。

国务院法制办
就《无障碍环境建设条例》答记者问

2012年6月28日,国务院总理温家宝签署国务院令,公布《无障碍环境建设条例》(以下简称《条例》),《条例》自2012年8月1日起施行。国务院法制办负责人就《条例》的有关问题回答了记者的提问。

问:请简要介绍一下《条例》出台的背景?

无障碍环境是保障残疾人平等参与社会生活的必要条件,同时也为老年人等其他社会成员提供生活便利。《中华人民共和国残疾人保障法》和《残疾人权利公约》对无障碍环境均作了规定。近年来,通过举办残奥会、世博会等重大国际活动,我国的无障碍环境建设水平有了很大提高,但也存在一些亟待解决的问题:一是无障碍设施建设有待加强,特别是无障碍设施改造力度需要进一步加大;二是无障碍信息交流建设滞后;三是无障碍社区服务水平亟待提高。这些问题都需要从法律制度层面加以解决。

问:无障碍环境建设的原则和工作体制是什么?

为了规范和推进无障碍环境建设工作,《条例》明确了无障碍环境建设应当与经济和社会发展水平相适应,遵循实用、易行、广泛受益的原则。

无障碍环境建设涉及市政建设、公共交通、信息交流、社区服务等诸多领域,需要政府统一领导规划、有关部门齐抓共管。为此,《条例》规定:县级以上人民政府负责组织编制无障碍环境建设发展规划,并将其纳入国民经济和社会发展规划以及城乡规划;国务院住房和城乡建设主管部门负责全国无障碍设施工程建设活动的监督管理工作,会同有关部门制定无障碍设施工程建设标准,并对无障碍设施工程建设的情况进行监督检查,国务院工业和信息化主管部门等有关部门在各自职责范围内,做好无障碍环境建设工作。

问:对于新建道路和建筑物的无障碍设施建设,《条例》是如何要求的?

考虑到道路和建筑物建成后再进行无障碍设施改造,势必造成资源浪费,增加建设成本,《条例》规定:城镇新建、改建、扩建道路、公共建筑、公共交通设施、居住建筑、居住区,应当符合无障碍设施工程建设标准;无障碍设施工程应当与主体工程同步设计、同步施工、同步验收投入使用,新建的无障碍设施应当与周边的无障碍设施相衔接。鉴于我国城乡发展不平衡的现状,《条例》规定:乡、村庄的建设和发展,应当逐步达到无障碍设施工程建设标准。

问:对于已建成道路和建筑物的无障碍设施改造,《条例》是如何要求的?

已建成道路和建筑物不符合无障碍设施工程建设标准的应当进行改造。《条例》将改造重点明确为:特殊教育、康复、社会福利等机构,国家机关的公共服务场所,文化、体育、医疗卫生等单位的公共服务场所,交通运输、金融、邮政、商业、旅游等公共服务场所。同时,《条例》明确了改造责任,规定:县级以上人民政府应当制定无障碍设施改造计划并组织实施,无障碍设施改造由所有权人或者管理人负责。

问:《条例》如何规范无障碍设施的保护和维修?

针对无障碍设施损毁得不到及时维修的问题,《条例》规定:无障碍设施的所有权人和管理人,应当对无障碍设施进行保护,有损毁或者故障及时进行维修。对不履行保护或者维修职责的,《条例》规定了相应的法律责任。

问:对于无障碍信息交流,《条例》作了哪些规定?

随着信息技术的发展和社会信息化程度的提高,方便地获取、交流信息对残疾人等社会成员显得愈发重要。为了推进无障碍信息交流建设，《条例》作了以下规定：一是县级以上人民政府及其有关部门发布重要政府信息和与残疾人相关的信息，应当创造条件为残疾人提供语音和文字提示等信息交流服务；二是国家举办的升学考试、职业资格考试和任职考试，有视力残疾人参加的，应当为视力残疾人提供盲文试卷、电子试卷，或者由工作人员予以协助；三是设区的市级以上人民政府设立的电视台在播出电视节目时配备字幕，每周播放至少一次配播手语的新闻节目；四是设区的市级以上人民政府设立的公共图书馆应当开设视力残疾人阅览室；五是残疾人组织的网站应当达到无障碍网站设计标准，设区的市级以上人民政府网站、政府公益活动网站，逐步达到无障碍网站设计标准。

问：对于无障碍社区服务，《条例》作了哪些规定？

社区生活与残疾人等社会成员密切相关，为了提高无障碍社区服务水平，《条例》作了以下规定：一是社区公共服务设施应当逐步完善无障碍服务功能；二是地方各级人民政府应当逐步完善报警、医疗急救等紧急呼叫系统，方便残疾人等社会成员报警、呼救；三是对需要进行无障碍设施改造的贫困家庭，县级以上地方人民政府可以给予适当补助；四是组织选举的部门应当为残疾人参加选举提供便利，为视力残疾人提供盲文选票。

第三编

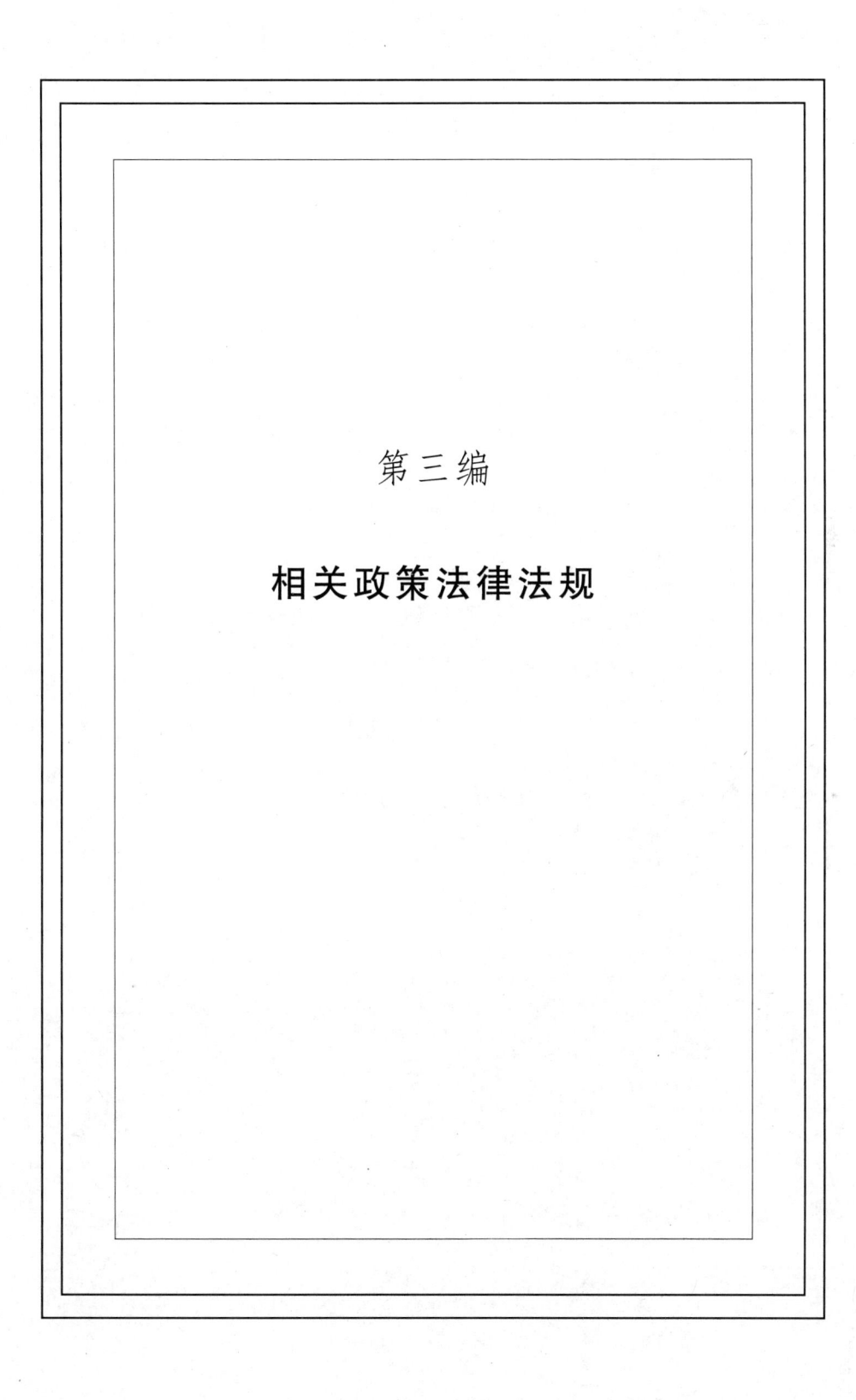

相关政策法律法规

中共中央国务院
关于促进残疾人事业发展的意见

2008年3月28日

中发〔2008〕7号

关心残疾人，是社会文明进步的重要标志。残疾人事业是中国特色社会主义事业的重要组成部分。为贯彻落实党的"十七大"精神，进一步促进残疾人事业发展，现提出以下意见。

一、增强促进残疾人事业发展的责任感和使命感

（一）**认清残疾人事业发展的形势**。残疾人是一个数量众多、特性突出、特别需要帮助的社会群体。我国有8300多万残疾人，涉及2.6亿家庭人口。党和政府历来十分关心残疾人，高度重视发展残疾人事业，特别是改革开放以来，采取了一系列重大举措，推动残疾人事业不断发展壮大，残疾人参与社会生活的环境和条件明显改善，生活水平和质量不断提高，我国残疾人事业发展在国际上赢得广泛赞誉。但是，必须清醒地看到，我国残疾人事业基础还比较薄弱，残疾人社会保障政策措施还不够完善，残疾人在基本生活、医疗卫生、康复、教育、就业、社会参与等方面还存在许多困难，总体生活状况与社会平均水平存在较大差距。一些地方和部门对发展残疾人事业重视不够，一些人扶残助残意识不强，歧视残疾人、侵害残疾人权益的现象时有发生。促进残疾人事业发展，改善残疾人状况，已成为全面建设小康社会和构建社会主义和谐社会一项重要而紧迫的任务。

（二）**认识促进残疾人事业发展的重要意义**。促进残疾人事业发展，有利于维护残疾人合法权益，促进社会公平正义，实现全体人民共享改革

发展成果；有利于调动残疾人的积极性、主动性和创造性，发挥残疾人在促进改革发展稳定中的重要作用，实现经济社会又好又快发展；有利于促进我国人权事业全面发展，体现社会主义制度的优越性，树立我国良好的国际形象。各级党委和政府要从坚持立党为公、执政为民的高度，从全面建设小康社会、构建社会主义和谐社会的高度，充分认识发展残疾人事业的重要意义，进一步增强责任感和使命感，切实采取有力措施，促进残疾人事业在新的起点上加快发展。

（三）**明确促进残疾人事业发展的总体要求**。促进残疾人事业发展，必须高举中国特色社会主义伟大旗帜，以邓小平理论和"三个代表"重要思想为指导，深入贯彻落实科学发展观，紧紧围绕全面建设小康社会奋斗目标，着眼于解决残疾人最关心、最直接、最现实的利益问题，坚持政府主导、社会参与，国家扶持、市场推动，统筹兼顾、分类指导，立足基层、面向群众，完善促进残疾人事业发展的法律法规和政策措施，健全残疾人社会保障制度，加强残疾人服务体系建设，营造残疾人平等参与的社会环境，缩小残疾人生活状况与社会平均水平的差距，实现残疾人事业与经济社会协调发展，努力使残疾人同全国人民一道向着更高水平的小康社会迈进。

二、加强残疾人医疗康复和残疾预防工作

（四）**保障残疾人享有基本医疗卫生服务**。覆盖城乡居民的基本医疗卫生服务体系要为残疾人提供安全、有效、方便、价廉的服务。将残疾人纳入城镇职工基本医疗保险、城镇居民基本医疗保险和新型农村合作医疗制度，落实和完善残疾人医疗保障有关政府补贴政策。逐步将符合规定的残疾人医疗康复项目纳入城镇职工基本医疗保险、城镇居民基本医疗保险和新型农村合作医疗范围，保障残疾人的医疗康复需求。城乡医疗救助制度要将贫困残疾人作为重点救助对象。做好残疾人参加社会医疗保险和医疗救助的衔接工作。

（五）**健全残疾人康复服务保障措施**。将残疾人康复纳入国家基本医疗卫生制度和基层医疗卫生服务内容，逐步实现残疾人人人享有康复服

务。大力开展社区康复，推进康复进社区、服务到家庭。继续实施国家重点康复工程，着力解决农村及边远地区贫困残疾人康复难的突出问题。制定和完善残疾人康复救助办法，对贫困残疾人康复训练、辅助器具适配等基本康复需求给予补贴。优先开展残疾儿童抢救性治疗和康复，对贫困残疾儿童康复给予补助，研究建立残疾儿童康复救助制度。支持开展残疾人康复科学技术研究和应用，提高康复质量和水平。

（六）**建立健全残疾预防体系**。制定和实施国家残疾预防行动计划，建立综合性、社会化预防和控制网络，形成信息准确、方法科学、管理完善、监控有效的残疾预防机制。广泛开展以社区为基础、以一级预防为重点的三级预防工作。提高出生人口素质，开展心理健康教育和保健，注重精神残疾预防，做好补碘、改水等工作，强化安全生产、劳动保护和交通安全等措施，有效控制残疾的发生和发展。制定国家残疾标准，建立残疾报告制度，加强信息收集、监测和研究。普及残疾预防知识，提高公众残疾预防意识。

三、保障残疾人基本生活

（七）**做好残疾人生活救助工作**。按照重点保障和特殊扶助的要求，研究制定针对残疾人特殊困难和需求的社会保障政策措施。进一步完善城乡居民最低生活保障、农村五保供养等生活救助政策，保证符合条件的贫困残疾人能够享受城乡居民最低生活保障和有关生活救助待遇。着力解决好重度残疾、一户多残、老残一体等特殊困难家庭的基本生活保障问题，做好低收入残疾人家庭生活救助。安置和照顾好伤残军人。加快实施农村贫困残疾人家庭危房改造项目，城市廉租住房政策和农村危房改造计划优先照顾贫困残疾人家庭。

（八）**完善残疾人社会保险政策**。加强监督检查，确保城镇残疾职工按照规定参加基本养老、失业、工伤和生育保险。落实城镇贫困残疾人个体户参加基本养老保险补贴政策，鼓励并组织个体就业残疾人参加社会保险。已开展试点的地区帮助农村残疾人参加农村社会养老保险。

（九）**发展残疾人社会福利和慈善事业**。完善残疾人社会福利政策，逐步扩大残疾人社会福利范围，适当提高残疾人社会福利水平。重点做好残疾老人和残疾儿童的福利服务。各级政府要按照彩票公益金的使用宗旨，逐步加大彩票公益金支持残疾人事业的力度。鼓励社会捐赠，支持发展残疾人社会福利和慈善事业。

四、促进残疾人全面发展

（十）**发展残疾人教育**。鼓励从事特殊教育，加强师资队伍建设，提高特殊教育质量。完善残疾学生的助学政策，保障残疾学生和残疾人家庭子女免费接受义务教育。发展残疾儿童学前康复教育，加快发展高中阶段特殊教育，鼓励和支持普通高等学校开办特殊教育专业。逐步解决重度肢体残疾、重度智力残疾、失明、失聪、脑瘫、孤独症等残疾儿童少年的教育问题。采取多种措施扫除残疾青壮年文盲。积极开展残疾人职业教育培训，有条件的地方实行对残疾人就读中等职业学校给予学费减免等优惠政策。支持师范院校培养特殊教育师资。实施中西部地区特殊教育学校建设工程，落实特殊教育学校教师特殊岗位津贴政策。各级各类学校在招生、入学等方面不得歧视残疾学生。

（十一）**促进残疾人就业**。认真贯彻促进残疾人就业的法律法规和政策措施，保障残疾人平等就业的机会和权利。依法推进按比例安排残疾人就业，鼓励和扶持兴办福利企业、盲人按摩机构、工（农）疗机构、辅助性工场等残疾人集中就业单位，积极扶持残疾人自主择业、自主创业。多形式开发适合残疾人就业的公益性岗位。党政机关、事业单位及国有企业要带头安置残疾人。完善资金扶持、税费减免、贷款贴息、社会保险补贴、岗位补贴、专产专营等残疾人就业保护政策措施。同等条件下，政府优先采购残疾人集中就业单位的产品和服务。将难以实现就业的残疾人列入就业困难人员范围，提供就业援助。加强残疾人职业培训和就业服务，增强残疾人就业和创业能力。切实将国家关于农村扶贫开发政策措施和支农惠农政策落实到农村贫困残疾人家庭，制定和完善针对残疾人特点的扶贫政策措施。扶持农村残疾人从事种养业、手工业和多种经营，有序组织农村残疾人转移就业，促进残疾人增加收入。

（十二）**繁荣残疾人文化体育事业**。组织残疾人开展形式多样、健康有益的群众性文化、艺术、娱乐活动，丰富残疾人精神文化生活，激发残疾人参与社会主义先进文化建设的热情和潜能。扶持残疾人文化艺术产品生产和盲人读物出版等公益性文化事业。发展残疾人特殊艺术，培养优秀特殊艺术人才。落实全民健身计划，开展残疾人群众性体育健身活动，增强体质、康复身心。开展残疾人体育科研和体育教育。实行公共文化、体育设施对残疾人优惠开放。开展残奥、特奥、聋奥运动，举办和参加国内外重大残疾人体育赛事。办好 2008 年北京残奥会和 2010 年广州亚洲残运会。

五、改善对残疾人的服务

（十三）**健全残疾人服务体系**。针对残疾人特殊性、多样性、类别化的服务需求，建立健全以专业机构为骨干、社区为基础、家庭邻里为依托，以生活照料、医疗卫生、康复、社会保障、教育、就业、文化体育、维权为主要内容的残疾人服务体系。公共服务机构要为残疾人提供优先优惠的服务。残疾人专业服务机构要改善条件，完善功能，规范管理，扩大受益面，提高服务水平。研究制定残疾人服务领域的国家和行业标准，完善行业管理政策，加强对残疾人服务的支持引导和监督管理。

（十四）**加快无障碍建设和改造**。制定、完善并严格执行有关无障碍建设的法律法规、设计规范和行业标准。新建改建城市道路、建筑物等必须建设规范的无障碍设施，已经建成的要加快无障碍改造。小城镇、农村地区逐步推行无障碍建设。加快推进与残疾人日常生活密切相关的住宅、社区、学校、福利机构、公共服务场所和设施的无障碍建设和改造，有条件的地方要对贫困残疾人家庭住宅无障碍改造提供资助。交通运输、铁路及城市公共交通要加大无障碍建设和改造力度。公共交通工具要配置无障碍设备，完善残疾人驾驶机动车的有关规定和管理办法，公共停车区要优先设置残疾人专用停车泊位。切实加强无障碍设施设备的管理和维护。积极推进信息和交流无障碍，公共机构要提供语音、文字提示、盲文、手语等无障碍服务，影视作品和节目要加配字幕，网络、电子信息和通信产品要方便残疾人使用。

（十五）**发展残疾人服务业**。依托社区开展为重度残疾人、智力残疾人、精神残疾人、老年残疾人等提供生活照料、康复养护、技能培养、文化娱乐、体育健身等公益性、综合性服务项目，推广"阳光之家"经验。鼓励发展残疾人居家服务，有条件的地方建立残疾人居家服务补贴制度。积极培育专门面向残疾人服务的社会组织，通过民办公助、政府补贴、政府购买服务等多种方式，鼓励各类组织、企业和个人建设残疾人服务设施，发展残疾人服务业。残疾人综合服务设施及康复、医疗卫生、教育、就业服务、托养、文化体育等服务设施建设要纳入城乡公益性建设项目，给予重点扶持，并适当向中西部地区和农村地区倾斜。鼓励和支持残疾人服务领域的科技研究、引进、应用和创新，提高信息化水平，扶持残疾人辅助技术和辅助器具研发、生产和推广，促进相关产业发展。

六、优化残疾人事业发展的社会环境

（十六）**增强全社会扶残助残意识**。围绕建设社会主义核心价值体系，在全社会大力弘扬人道主义思想和中华民族传统美德，倡导"平等、参与、共享"的现代文明社会残疾人观，消除对残疾人的歧视和偏见，形成人人理解、尊重、关心、帮助残疾人的良好社会风尚。宣传、文化、新闻、出版等部门和单位要采取有效措施，积极宣传残疾人事业，宣传残疾人自强模范和扶残助残先进事迹。教育部门要结合中小学德育等课程，开展人道主义、自强与助残教育。结合群众性精神文明创建活动，广泛开展形式多样的扶残助残活动。组织好"全国助残日"、"国际残疾人日"等活动。激励广大残疾人自尊、自信、自强、自立，融入社会，参与发展，共享发展成果。

（十七）**加强残疾人事业法律法规和制度建设**。认真贯彻执行《中华人民共和国残疾人保障法》和相关法律法规，加强执法监督检查。进一步完善残疾人事业法律法规体系。制定、修订各项相关法律法规和政策规定，要充分保障残疾人的平等权益，尊重残疾人对相关立法和残疾人事务的知情权、参与权、表达权、监督权。加强法制宣传教育，增强全社会依法维护残疾人权益的法制观念,提高残疾人依法维权的意识和能力。建立残疾人法律救助体系,做好残疾人法律服务、法律援助、司法救助工作。加大对侵害残疾人合法权益案件的查处力度。

(十八)**推进残疾人事业国际交流合作**。拓展国际交流领域,提高国际合作水平,积极参与国际残疾人事务,做好《残疾人权利公约》的批约和履约工作,充分展示我国社会发展和残疾人人权保障成就,借鉴国外残疾人事业的有益经验和做法,增进相互了解和友谊,促进我国残疾人事业发展。

七、加强对残疾人工作的领导

(十九)**健全残疾人工作领导体制**。各级党委和政府要高度重视残疾人事业,把残疾人工作列入重要议事日程,进一步完善党委领导、政府负责的残疾人工作领导体制。党委和政府要分别明确一位领导同志联系和分管残疾人工作,定期听取汇报,认真研究部署。各级政府残疾人工作委员会要强化职责,及时研究解决重大问题,统筹协调有关促进残疾人事业发展的方针、政策、法规、规划的制定和实施,监督检查落实情况。中央和国家机关各有关部门、单位要将残疾人工作纳入职责范围和目标管理,密切配合协作,切实提高为残疾人提供社会保障和公共服务的水平。农村基层组织要抓好残疾人工作的落实。各地要把残疾人事业纳入当地国民经济和社会发展总体规划、相关专项规划和年度计划。残疾人事业经费要列入各级财政预算,并随着国民经济发展和财政收入增长逐步增加,建立稳定的残疾人事业经费保障机制。

(二十)**发挥残疾人组织作用**。各级残疾人联合会(以下简称"残联")是党和政府联系广大残疾人的桥梁和纽带。要支持残联依照法律法规和章程开展工作,参与残疾人事业社会管理和公共服务。政府对残联承办的社会事务和专业服务项目要给予相应的政策支持。充分发挥残疾人组织和残疾人代表在国家经济、政治、文化、社会生活中的民主参与、民主管理和民主监督作用,拓宽残疾人组织民主参与渠道。各级残联要切实履行职能,代表残疾人共同利益,维护残疾人的合法权益,努力为残疾人服务，发展和管理残疾人事业。要加强各级残联的建设，健全基层残疾人组织，解决好人员待遇问题，为残疾人工作提供有力的组织保障。中国残联要加强对全国残疾人工作的指导。

（二十一）动员社会各界共同参与。工会、共青团、妇联等人民团体和老龄协会等社会组织要发挥各自优势，支持残疾人工作，维护残疾职工、残疾青年、残疾妇女、残疾儿童和残疾老人的合法权益。红十字会、慈善协会、残疾人福利基金会等慈善团体要积极为残疾人事业筹集善款，开展爱心捐助活动。企事业单位要增强社会责任感，为残疾人事业发展贡献力量。

（二十二）加强残疾人工作干部队伍建设。抓好残疾人专职、专业和志愿者队伍建设。选好配强各级残联领导班子，将残联干部队伍建设纳入干部队伍和人才队伍建设整体规划，加大培养、使用和交流力度，从政治上、工作上、生活上关心爱护，造就一支恪守"人道、廉洁、服务、奉献"职业道德的高素质残疾人工作干部队伍。做好残疾人干部的选拔、培养和使用工作。加强残疾人状况调查、监测、统计，重视残疾人事业政策理论研究，推进相关学科建设，加快培养高素质残疾人事业专业技术人才。培育基层残疾人工作者队伍，提高为残疾人服务的能力。广泛动员社会力量，发展壮大助残志愿者队伍。

中华人民共和国残疾人保障法

1990年12月28/日第七届全国人民代表大会常务委员会第十七次会议通过
2008 年4月24日第十一届全国人民代表大会常务委员会第二次会议修订
自2008 年7 月1 日起施行

第一章 总 则

第一条 为了维护残疾人的合法权益，发展残疾人事业，保障残疾人平等地充分参与社会生活，共享社会物质文化成果，根据宪法，制定本法。

第二条 残疾人是指在心理、生理、人体结构上，某种组织、功能丧失或者不正常，全部或者部分丧失以正常方式从事某种活动能力的人。

残疾人包括视力残疾、听力残疾、言语残疾、肢体残疾、智力残疾、精神残疾、多重残疾和其他残疾的人。

残疾标准由国务院规定。

第三条 残疾人在政治、经济、文化、社会和家庭生活等方面享有同其他公民平等的权利。

残疾人的公民权利和人格尊严受法律保护。

禁止基于残疾的歧视。禁止侮辱、侵害残疾人。禁止通过大众传播媒介或者其他方式贬低损害残疾人人格。

第四条 国家采取辅助方法和扶持措施，对残疾人给予特别扶助，减轻或者消除残疾影响和外界障碍，保障残疾人权利的实现。

第五条 县级以上人民政府应当将残疾人事业纳入国民经济和社会发展规划，加强领导，综合协调，并将残疾人事业经费列入财政预算，建立稳定的经费保障机制。

国务院制定中国残疾人事业发展纲要，县级以上地方人民政府根据中国残疾人事业发展纲要，制定本行政区域的残疾人事业发展规划和年度计划，使残疾人事业与经济、社会协调发展。

县级以上人民政府负责残疾人工作的机构，负责组织、协调、指导、督促有关部门做好残疾人事业的工作。

各级人民政府和有关部门，应当密切联系残疾人，听取残疾人的意见，按照各自的职责，做好残疾人工作。

第六条 国家采取措施，保障残疾人依照法律规定，通过各种途径和形式，管理国家事务，管理经济和文化事业，管理社会事务。

制定法律、法规、规章和公共政策，对涉及残疾人权益和残疾人事业的重大问题，应当听取残疾人和残疾人组织的意见。

残疾人和残疾人组织有权向各级国家机关提出残疾人权益保障、残疾人事业发展等方面的意见和建议。

第七条 全社会应当发扬人道主义精神，理解、尊重、关心、帮助残疾人，支持残疾人事业。

国家鼓励社会组织和个人为残疾人提供捐助和服务。

国家机关、社会团体、企业事业单位和城乡基层群众性自治组织，应当做好所属范围内的残疾人工作。

从事残疾人工作的国家工作人员和其他人员，应当依法履行职责，努力为残疾人服务。

第八条 中国残疾人联合会及其地方组织，代表残疾人的共同利益，维护残疾人的合法权益，团结教育残疾人，为残疾人服务。

中国残疾人联合会及其地方组织依照法律、法规、章程或者接受政府委托，开展残疾人工作，动员社会力量，发展残疾人事业。

第九条 残疾人的扶养人必须对残疾人履行扶养义务。

残疾人的监护人必须履行监护职责，尊重被监护人的意愿，维护被监护人的合法权益。

残疾人的亲属、监护人应当鼓励和帮助残疾人增强自立能力。

禁止对残疾人实施家庭暴力，禁止虐待、遗弃残疾人。

第十条 国家鼓励残疾人自尊、自信、自强、自立，为社会主义建设贡献力量。

残疾人应当遵守法律、法规，履行应尽的义务，遵守公共秩序，尊重社会公德。

第十一条 国家有计划地开展残疾预防工作，加强对残疾预防工作的领导，宣传、普及母婴保健和预防残疾的知识，建立健全出生缺陷预防和早期发现、早期治疗机制，针对遗传、疾病、药物、事故、灾害、环境污染和其他致残因素，组织和动员社会力量，采取措施，预防残疾的发生，减轻残疾程度。

国家建立健全残疾人统计调查制度，开展残疾人状况的统计调查和分析。

第十二条 国家和社会对残疾军人、因公致残人员以及其他为维护国家和人民利益致残的人员实行特别保障，给予抚恤和优待。

第十三条 对在社会主义建设中做出显著成绩的残疾人，对维护残疾人合法权益、发展残疾人事业、为残疾人服务做出显著成绩的单位和个人，各级人民政府和有关部门给予表彰和奖励。

第十四条 每年5月的第三个星期日为全国助残日。

第二章 康 复

第十五条 国家保障残疾人享有康复服务的权利。

各级人民政府和有关部门应当采取措施，为残疾人康复创造条件，建立和完善残疾人康复服务体系，并分阶段实施重点康复项目，帮助残疾人恢复或者补偿功能，增强其参与社会生活的能力。

第十六条 康复工作应当从实际出发，将现代康复技术与我国传统康复技术相结合；以社区康复为基础，康复机构为骨干，残疾人家庭为依托；以实用、易行、受益广的康复内容为重点，优先开展残疾儿童抢救性治疗和康复；发展符合康复要求的科学技术，鼓励自主创新，加强康复新技术的研究、开发和应用，为残疾人提供有效的康复服务。

第十七条 各级人民政府鼓励和扶持社会力量兴办残疾人康复机构。

地方各级人民政府和有关部门，应当组织和指导城乡社区服务组织、医疗预防保健机构、残疾人组织、残疾人家庭和其他社会力量，开展社区康复工作。

残疾人教育机构、福利性单位和其他为残疾人服务的机构，应当创造条件，开展康复训练活动。

残疾人在专业人员的指导和有关工作人员、志愿工作者及亲属的帮助下，应当努力进行功能、自理能力和劳动技能的训练。

第十八条 地方各级人民政府和有关部门应当根据需要有计划地在医疗机构设立康复医学科室，举办残疾人康复机构，开展康复医疗与训练、人员培训、技术指导、科学研究等工作。

第十九条 医学院校和其他有关院校应当有计划地开设康复课程，设置相关专业，培养各类康复专业人才。

政府和社会采取多种形式对从事康复工作的人员进行技术培训；向残疾人、残疾人亲属、有关工作人员和志愿工作者普及康复知识，传授康复方法。

第二十条 政府有关部门应当组织和扶持残疾人康复器械、辅助器具的研制、生产、供应、维修服务。

第三章 教 育

第二十一条 国家保障残疾人享有平等接受教育的权利。

各级人民政府应当将残疾人教育作为国家教育事业的组成部分，统一规划，加强领导，为残疾人接受教育创造条件。

政府、社会、学校应当采取有效措施，解决残疾儿童、少年就学存在的实际困难，帮助其完成义务教育。

各级人民政府对接受义务教育的残疾学生、贫困残疾人家庭的学生提供免费教科书，并给予寄宿生活费等费用补助；对接受义务教育以外其他教育的残疾学生、贫困残疾人家庭的学生按照国家有关规定给予资助。

第二十二条 残疾人教育，实行普及与提高相结合、以普及为重点的方针，保障义务教育，着重发展职业教育，积极开展学前教育，逐步发展高级中等以上教育。

第二十三条 残疾人教育应当根据残疾人的身心特性和需要，按照下列要求实施：

（一）在进行思想教育、文化教育的同时，加强身心补偿和职业教育；

（二）依据残疾类别和接受能力，采取普通教育方式或者特殊教育方式；

（三）特殊教育的课程设置、教材、教学方法、入学和在校年龄，可以有适度弹性。

第二十四条 县级以上人民政府应当根据残疾人的数量、分布状况和残疾类别等因素，合理设置残疾人教育机构，并鼓励社会力量办学、捐资助学。

第二十五条 普通教育机构对具有接受普通教育能力的残疾人实施教育，并为其学习提供便利和帮助。

普通小学、初级中等学校，必须招收能适应其学习生活的残疾儿童、少年入学；普通高级中等学校、中等职业学校和高等学校，必须招收符合国家规定的录取要求的残疾考生入学，不得因其残疾而拒绝招收；拒绝招收的，当事人或者其亲属、监护人可以要求有关部门处理，有关部门应当责令该学校招收。

普通幼儿教育机构应当接收能适应其生活的残疾幼儿。

第二十六条 残疾幼儿教育机构、普通幼儿教育机构附设的残疾儿童班、特殊教育机构的学前班、残疾儿童福利机构、残疾儿童家庭，对残疾儿童实施学前教育。

初级中等以下特殊教育机构和普通教育机构附设的特殊教育班，对不具有接受普通教育能力的残疾儿童、少年实施义务教育。

高级中等以上特殊教育机构、普通教育机构附设的特殊教育班和残疾人职业教育机构，对符合条件的残疾人实施高级中等以上文化教育、职业教育。

提供特殊教育的机构应当具备适合残疾人学习、康复、生活特点的场所和设施。

第二十七条 政府有关部门、残疾人所在单位和有关社会组织应当对残疾人开展扫除文盲、职业培训、创业培训和其他成人教育，鼓励残疾人自学成才。

第二十八条 国家有计划地举办各级各类特殊教育师范院校、专业，在普通师范院校附设特殊教育班，培养、培训特殊教育师资。普通师范院校开设特殊教育课程或者讲授有关内容，使普通教师掌握必要的特殊教育知识。

特殊教育教师和手语翻译，享受特殊教育津贴。

第二十九条 政府有关部门应当组织和扶持盲文、手语的研究和应用，特殊教育教材的编写和出版，特殊教育教学用具及其他辅助用品的研制、生产和供应。

第四章 劳动就业

第三十条 国家保障残疾人劳动的权利。

各级人民政府应当对残疾人劳动就业统筹规划，为残疾人创造劳动就业条件。

第三十一条 残疾人劳动就业，实行集中与分散相结合的方针，采取优惠政策和扶持保护措施，通过多渠道、多层次、多种形式，使残疾人劳动就业逐步普及、稳定、合理。

第三十二条 政府和社会举办残疾人福利企业、盲人按摩机构和其他福利性单位，集中安排残疾人就业。

第三十三条 国家实行按比例安排残疾人就业制度。

国家机关、社会团体、企业事业单位、民办非企业单位应当按照规定的比例安排残疾人就业，并为其选择适当的工种和岗位。达不到规定比例的，按照国家有关规定履行保障残疾人就业义务。国家鼓励用人单位超过规定比例安排残疾人就业。

残疾人就业的具体办法由国务院规定。

第三十四条 国家鼓励和扶持残疾人自主择业、自主创业。

第三十五条 地方各级人民政府和农村基层组织，应当组织和扶持农村残疾人从事种植业、养殖业、手工业和其他形式的生产劳动。

第三十六条 国家对安排残疾人就业达到、超过规定比例或者集中安排残疾人就业的用人单位和从事个体经营的残疾人，依法给予税收优惠，并在生产、经营、技术、资金、物资、场地等方面给予扶持。国家对从事个体经营的残疾人，免除行政事业性收费。

县级以上地方人民政府及其有关部门应当确定适合残疾人生产、经营的产品、项目，优先安排残疾人福利性单位生产或者经营，并根据残疾人福利性单位的生产特点确定某些产品由其专产。

政府采购，在同等条件下应当优先购买残疾人福利性单位的产品或者服务。

地方各级人民政府应当开发适合残疾人就业的公益性岗位。

对申请从事个体经营的残疾人，有关部门应当优先核发营业执照。

对从事各类生产劳动的农村残疾人，有关部门应当在生产服务、技术指导、农用物资供应、农副产品购销和信贷等方面，给予帮助。

第三十七条 政府有关部门设立的公共就业服务机构，应当为残疾人免费提供就业服务。

残疾人联合会举办的残疾人就业服务机构，应当组织开展免费的职业指导、职业介绍和职业培训，为残疾人就业和用人单位招用残疾人提供服务和帮助。

第三十八条 国家保护残疾人福利性单位的财产所有权和经营自主权，其合法权益不受侵犯。

在职工的招用、转正、晋级、职称评定、劳动报酬、生活福利、休息休假、社会保险等方面，不得歧视残疾人。

残疾职工所在单位应当根据残疾职工的特点，提供适当的劳动条件和劳动保护，并根据实际需要对劳动场所、劳动设备和生活设施进行改造。

国家采取措施，保障盲人保健和医疗按摩人员从业的合法权益。

第三十九条 残疾职工所在单位应当对残疾职工进行岗位技术培训，提高其劳动技能和技术水平。

第四十条 任何单位和个人不得以暴力、威胁或者非法限制人身自由的手段强迫残疾人劳动。

第五章　文化生活

第四十一条　国家保障残疾人享有平等参与文化生活的权利。

各级人民政府和有关部门鼓励、帮助残疾人参加各种文化、体育、娱乐活动，积极创造条件，丰富残疾人精神文化生活。

第四十二条　残疾人文化、体育、娱乐活动应当面向基层，融于社会公共文化生活，适应各类残疾人的不同特点和需要，使残疾人广泛参与。

第四十三条　政府和社会采取下列措施，丰富残疾人的精神文化生活：

（一）通过广播、电影、电视、报刊、图书、网络等形式，及时宣传报道残疾人的工作、生活等情况，为残疾人服务；

（二）组织和扶持盲文读物、盲人有声读物及其他残疾人读物的编写和出版，根据盲人的实际需要，在公共图书馆设立盲文读物、盲人有声读物图书室；

（三）开办电视手语节目，开办残疾人专题广播栏目，推进电视栏目、影视作品加配字幕、解说；

（四）组织和扶持残疾人开展群众性文化、体育、娱乐活动，举办特殊艺术演出和残疾人体育运动会，参加国际性比赛和交流；

（五）文化、体育、娱乐和其他公共活动场所，为残疾人提供方便和照顾。有计划地兴办残疾人活动场所。

第四十四条　政府和社会鼓励、帮助残疾人从事文学、艺术、教育、科学、技术和其他有益于人民的创造性劳动。

第四十五条　政府和社会促进残疾人与其他公民之间的相互理解和交流，宣传残疾人事业和扶助残疾人的事迹，弘扬残疾人自强不息的精神，倡导团结、友爱、互助的社会风尚。

第六章　社会保障

第四十六条　国家保障残疾人享有各项社会保障的权利。

政府和社会采取措施，完善对残疾人的社会保障，保障和改善残疾人的生活。

第四十七条 残疾人及其所在单位应当按照国家有关规定参加社会保险。

残疾人所在城乡基层群众性自治组织、残疾人家庭，应当鼓励、帮助残疾人参加社会保险。

对生活确有困难的残疾人，按照国家有关规定给予社会保险补贴。

第四十八条 各级人民政府对生活确有困难的残疾人，通过多种渠道给予生活、教育、住房和其他社会救助。

县级以上地方人民政府对享受最低生活保障待遇后生活仍有特别困难的残疾人家庭，应当采取其他措施保障其基本生活。

各级人民政府对贫困残疾人的基本医疗、康复服务、必要的辅助器具的配置和更换，应当按照规定给予救助。

对生活不能自理的残疾人，地方各级人民政府应当根据情况给予护理补贴。

第四十九条 地方各级人民政府对无劳动能力、无扶养人或者扶养人不具有扶养能力、无生活来源的残疾人，按照规定予以供养。

国家鼓励和扶持社会力量举办残疾人供养、托养机构。

残疾人供养、托养机构及其工作人员不得侮辱、虐待、遗弃残疾人。

第五十条 县级以上人民政府对残疾人搭乘公共交通工具，应当根据实际情况给予便利和优惠。残疾人可以免费携带随身必备的辅助器具。

盲人持有效证件免费乘坐市内公共汽车、电车、地铁、渡船等公共交通工具。盲人读物邮件免费寄递。

国家鼓励和支持提供电信、广播电视服务的单位对盲人、听力残疾人、言语残疾人给予优惠。

各级人民政府应当逐步增加对残疾人的其他照顾和扶助。

第五十一条 政府有关部门和残疾人组织应当建立和完善社会各界为残疾人捐助和服务的渠道，鼓励和支持发展残疾人慈善事业，开展志愿者助残等公益活动。

第七章 无障碍环境

第五十二条 国家和社会应当采取措施，逐步完善无障碍设施，推进信息交流无障碍，为残疾人平等参与社会生活创造无障碍环境。

各级人民政府应当对无障碍环境建设进行统筹规划，综合协调，加强监督管理。

第五十三条 无障碍设施的建设和改造，应当符合残疾人的实际需要。

新建、改建和扩建建筑物、道路、交通设施等，应当符合国家有关无障碍设施工程建设标准。

各级人民政府和有关部门应当按照国家无障碍设施工程建设规定，逐步推进已建成设施的改造，优先推进与残疾人日常工作、生活密切相关的公共服务设施的改造。

对无障碍设施应当及时维修和保护。

第五十四条 国家采取措施，为残疾人信息交流无障碍创造条件。

各级人民政府和有关部门应当采取措施，为残疾人获取公共信息提供便利。

国家和社会研制、开发适合残疾人使用的信息交流技术和产品。

国家举办的各类升学考试、职业资格考试和任职考试，有盲人参加的，应当为盲人提供盲文试卷、电子试卷或者由专门的工作人员予以协助。

第五十五条 公共服务机构和公共场所应当创造条件，为残疾人提供语音和文字提示、手语、盲文等信息交流服务，并提供优先服务和辅助性服务。

公共交通工具应当逐步达到无障碍设施的要求。有条件的公共停车场应当为残疾人设置专用停车位。

第五十六条 组织选举的部门应当为残疾人参加选举提供便利；有条件的，应当为盲人提供盲文选票。

第五十七条 国家鼓励和扶持无障碍辅助设备、无障碍交通工具的研制和开发。

第五十八条 盲人携带导盲犬出入公共场所，应当遵守国家有关规定。

第八章 法律责任

第五十九条 残疾人的合法权益受到侵害的，可以向残疾人组织投诉，残疾人组织应当维护残疾人的合法权益，有权要求有关部门或者单位查处。有关部门或者单位应当依法查处，并予以答复。

残疾人组织对残疾人通过诉讼维护其合法权益需要帮助的，应当给予支持。

残疾人组织对侵害特定残疾人群体利益的行为，有权要求有关部门依法查处。

第六十条 残疾人的合法权益受到侵害的，有权要求有关部门依法处理，或者依法向仲裁机构申请仲裁，或者依法向人民法院提起诉讼。

对有经济困难或者其他原因确需法律援助或者司法救助的残疾人，当地法律援助机构或者人民法院应当给予帮助，依法为其提供法律援助或者司法救助。

第六十一条 违反本法规定，对侵害残疾人权益行为的申诉、控告、检举，推诿、拖延、压制不予查处，或者对提出申诉、控告、检举的人进行打击报复的，由其所在单位、主管部门或者上级机关责令改正，并依法对直接负责的主管人员和其他直接责任人员给予处分。

国家工作人员未依法履行职责，对侵害残疾人权益的行为未及时制止或者未给予受害残疾人必要帮助，造成严重后果的，由其所在单位或者上级机关依法对直接负责的主管人员和其他直接责任人员给予处分。

第六十二条 违反本法规定，通过大众传播媒介或者其他方式贬低损害残疾人人格的，由文化、广播电影电视、新闻出版或者其他有关主管部门依据各自的职权责令改正，并依法给予行政处罚。

第六十三条 违反本法规定，有关教育机构拒不接收残疾学生入学，或者在国家规定的录取要求以外附加条件限制残疾学生就学的，由有关主管部门责令改正，并依法对直接负责的主管人员和其他直接责任人员给予处分。

第六十四条 违反本法规定，在职工的招用等方面歧视残疾人的，由有关主管部门责令改正；残疾人劳动者可以依法向人民法院提起诉讼。

第六十五条 违反本法规定，供养、托养机构及其工作人员侮辱、虐待、遗弃残疾人的，对直接负责的主管人员和其他直接责任人员依法给予处分；构成违反治安管理行为的，依法给予行政处罚。

第六十六条 违反本法规定，新建、改建和扩建建筑物、道路、交通设施，不符合国家有关无障碍设施工程建设标准，或者对无障碍设施未进行及时维修和保护造成后果的，由有关主管部门依法处理。

第六十七条 违反本法规定，侵害残疾人的合法权益，其他法律、法规规定行政处罚的，从其规定；造成财产损失或者其他损害的，依法承担民事责任；构成犯罪的，依法追究刑事责任。

第九章 附 则

第六十八条 本法自 2008 年 7 月 1 日起施行。

中华人民共和国老年人权益保障法

1996年8月29日第八届全国人民代表大会常务委员会第二十一次会议通过

1996年8月29日中华人民共和国主席令第七十三号公布

自1996年10月1日起施行

第一章 总 则

第一条 为保障老年人合法权益，发展老年事业，弘扬中华民族敬老、养老的美德，根据宪法，制定本法。

第二条 本法所称老年人是指六十周岁以上的公民。

第三条 国家和社会应当采取措施，健全对老年人的社会保障制度，逐步改善保障老年人生活、健康以及参与社会发展的条件，实现老有所养、老有所医、老有所为、老有所学、老有所乐。

第四条 国家保护老年人依法享有的权益。

老年人有从国家和社会获得物质帮助的权利，有享受社会发展成果的权利。

禁止歧视、侮辱、虐待或者遗弃老年人。

第五条 各级人民政府应当将老年事业纳入国民经济和社会发展计划，逐步增加对老年事业的投入，并鼓励社会各方面投入，使老年事业与经济、社会协调发展。

国务院和省、自治区、直辖市人民政府采取组织措施，协调有关部门做好老年人权益保障工作，具体机构由国务院和省、自治区、直辖市人民政府规定。

第六条 保障老年人合法权益是全社会的共同责任。

国家机关、社会团体、企业事业组织应当按照各自职责，做好老年人权益保障工作。

居民委员会、村民委员会和依法设立的老年人组织应当反映老年人的要求，维护老年人合法权益，为老年人服务。

第七条 全社会应当广泛开展敬老、养老宣传教育活动，树立尊重、关心、帮助老年人的社会风尚。

青少年组织、学校和幼儿园应当对青少年和儿童进行敬老、养老的道德教育和维护老年人合法权益的法制教育。

提倡义务为老年人服务。

第八条 各级人民政府对维护老年人合法权益和敬老、养老成绩显著的组织、家庭或者个人给予表扬或者奖励。

第九条 老年人应当遵纪守法，履行法律规定的义务。

第二章　家庭赡养与扶养

第十条 老年人养老主要依靠家庭，家庭成员应当关心和照料老年人。

第十一条 赡养人应当履行对老年人经济上供养、生活上照料和精神上慰藉的义务，照顾老年人的特殊需要。

赡养人是指老年人的子女以及其他依法负有赡养义务的人。

赡养人的配偶应当协助赡养人履行赡养义务。

第十二条 赡养人对患病的老年人应当提供医疗费用和护理。

第十三条 赡养人应当妥善安排老年人的住房，不得强迫老年人迁居条件低劣的房屋。

老年人自有的或者承租的住房，子女或者其他亲属不得侵占，不得擅自改变产权关系或者租赁关系。

老年人自有的住房，赡养人有维修的义务。

第十四条 赡养人有义务耕种老年人承包的田地，照管老年人的林木和牲畜等，收益归老年人所有。

第十五条 赡养人不得以放弃继承权或者其他理由，拒绝履行赡养义务。

赡养人不履行赡养义务，老年人有要求赡养人付给赡养费的权利。

赡养人不得要求老年人承担力不能及的劳动。

第十六条 老年人与配偶有相互扶养的义务。

由兄、姊扶养的弟、妹成年后，有负担能力的，对年老无赡养人的兄、姊有扶养的义务。

第十七条 赡养人之间可以就履行赡养义务签订协议，并征得老年人同意。居民委员会、村民委员会或者赡养人所在组织监督协议的履行。

第十八条 老年人的婚姻自由受法律保护。子女或者其他亲属不得干涉老年人离婚、再婚及婚后的生活。

赡养人的赡养义务不因老年人的婚姻关系变化而消除。

第十九条 老年人有权依法处分个人的财产，子女或者其他亲属不得干涉，不得强行索取老年人的财物。

老年人有依法继承父母、配偶、子女或者其他亲属遗产的权利，有接受赠予的权利。

第三章 社会保障

第二十条 国家建立养老保险制度，保障老年人的基本生活。

第二十一条 老年人依法享有的养老金和其他待遇应当得到保障。有关组织必须按时足额支付养老金，不得无故拖欠，不得挪用。

国家根据经济发展、人民生活水平提高和职工工资增长的情况增加养老金。

第二十二条 农村除根据情况建立养老保险制度外，有条件的还可以将未承包的集体所有的部分土地、山林、水面、滩涂等作为养老基地，收益供老年人养老。

第二十三条 城市的老年人，无劳动能力、无生活来源、无赡养人和扶养人的，或者其赡养人和扶养人确无赡养能力或者扶养能力的，由当地人民政府给予救济。

农村的老年人，无劳动能力、无生活来源、无赡养人和扶养人的，或者其赡养人和扶养人确无赡养能力或者扶养能力的，由农村集体经济组织负担保吃、保穿、保住、保医、保葬的五保供养，乡、民族乡、镇人民政府负责组织实施。

第二十四条 鼓励公民或者组织与老年人签订扶养协议或者其他扶助协议。

第二十五条 国家建立多种形式的医疗保险制度，保障老年人的基本医疗需要。

有关部门制定医疗保险办法，应当对老年人给予照顾。

老年人依法享有的医疗待遇必须得到保障。

第二十六条 老年人患病，本人和赡养人确实无力支付医疗费用的，当地人民政府根据情况可以给予适当帮助，并可以提倡社会救助。

第二十七条 医疗机构应当为老年人就医提供方便，对七十周岁以上的老年人就医，予以优先。有条件的地方，可以为老年病人设立家庭病床，开展巡回医疗等服务。

提倡为老年人义诊。

第二十八条 国家采取措施，加强老年医学的研究和人才的培养，提高老年病的预防、治疗、科研水平。

开展各种形式的健康教育，普及老年保健知识，增强老年人自我保健意识。

第二十九条 老年人所在组织分配、调整或者出售住房，应当根据实际情况和有关标准照顾老年人的需要。

第三十条 新建或者改造城镇公共设施、居民区和住宅，应当考虑老年人的特殊需要，建设适合老年人生活和活动的配套设施。

第三十一条 老年人有继续受教育的权利。

国家发展老年教育，鼓励社会办好各类老年学校。

各级人民政府对老年教育应当加强领导，统一规划。

第三十二条 国家和社会采取措施，开展适合老年人的群众性文化、体育、娱乐活动，丰富老年人的精神文化生活。

第三十三条 国家鼓励、扶持社会组织或者个人兴办老年福利院、敬老院、老年公寓、老年医疗康复中心和老年文化体育活动场所等设施。

地方各级人民政府应当根据当地经济发展水平，逐步增加对老年福利事业的投入，兴办老年福利设施。

第三十四条　各级人民政府应当引导企业开发、生产、经营老年生活用品，适应老年人的需要。

第三十五条　发展社区服务，逐步建立适应老年人需要的生活服务、文化体育活动、疾病护理与康复等服务设施和网点。

发扬邻里互助的传统，提倡邻里间关心、帮助有困难的老年人。

鼓励和支持社会志愿者为老年人服务。

第三十六条　地方各级人民政府根据当地条件，可以在参观、游览、乘坐公共交通工具等方面，对老年人给予优待和照顾。

第三十七条　农村老年人不承担义务工和劳动积累工。

第三十八条　广播、电影、电视、报刊等应当反映老年人的生活，开展维护老年人合法权益的宣传，为老年人服务。

第三十九条　老年人因其合法权益受侵害提起诉讼交纳诉讼费确有困难的，可以缓交、减交或者免交；需要获得律师帮助，但无力支付律师费用的，可以获得法律援助。

第四章　参与社会发展

第四十条　国家和社会应当重视、珍惜老年人的知识、技能和革命、建设经验，尊重他们的优良品德，发挥老年人的专长和作用。

第四十一条　国家应当为老年人参与社会主义物质文明和精神文明建设创造条件。根据社会需要和可能，鼓励老年人在自愿和量力的情况下，从事下列活动：

（一）对青少年和儿童进行社会主义、爱国主义、集体主义教育和艰苦奋斗等优良传统教育；

（二）传授文化和科技知识；

（三）提供咨询服务；

（四）依法参与科技开发和应用；

（五）依法从事经营和生产活动；

（六）兴办社会公益事业；

（七）参与维护社会治安、协助调解民间纠纷；

（八）参加其他社会活动。

第四十二条 老年人参加劳动的合法收入受法律保护。

第五章 法律责任

第四十三条 老年人合法权益受到侵害的，被侵害人或者其代理人有权要求有关部门处理，或者依法向人民法院提起诉讼。

人民法院和有关部门，对侵犯老年人合法权益的申诉、控告和检举，应当依法及时受理，不得推诿、拖延。

第四十四条 不履行保护老年人合法权益职责的部门或者组织，其上级主管部门应当给予批评教育，责令改正。

国家工作人员违法失职，致使老年人合法权益受到损害的，由其所在组织或者上级机关责令改正，或者给予行政处分；构成犯罪的，依法追究刑事责任。

第四十五条 老年人与家庭成员因赡养、扶养或者住房、财产发生纠纷，可以要求家庭成员所在组织或者居民委员会、村民委员会调解，也可以直接向人民法院提起诉讼。

调解前款纠纷时，对有过错的家庭成员，应当给予批评教育，责令改正。

人民法院对老年人追索赡养费或者扶养费的申请，可以依法裁定先予执行。

第四十六条 以暴力或者其他方法公然侮辱老年人、捏造事实诽谤老年人或者虐待老年人，情节较轻的，依照治安管理处罚条例的有关规定处罚；构成犯罪的，依法追究刑事责任。

第四十七条 暴力干涉老年人婚姻自由或者对老年人负有赡养义务、扶养义务而拒绝赡养、扶养，情节严重构成犯罪的，依法追究刑事责任。

第四十八条 家庭成员有盗窃、诈骗、抢夺、勒索、故意毁坏老年人财物，情节较轻的，依照治安管理处罚条例的有关规定处罚；构成犯罪的，依法追究刑事责任。

第六章　附　则

第四十九条　民族自治地方的人民代表大会，可以根据本法的原则，结合当地民族风俗习惯的具体情况，依照法定程序制定变通的或者补充的规定。

第五十条　本法自1996年10月1日起施行。

中华人民共和国道路交通安全法（节选）

2003 年 10 月 28 日第十届全国人民代表大会常务委员会第五次会议通过
根据 2007 年 12 月 29 日第十届全国人民代表大会常务委员会第三十一次会议
《关于修改〈中华人民共和国道路交通安全法〉的决定》第一次修正
根据 2011 年 4 月 22 日第十一届全国人民代表大会常务委员会第二十次会议
《关于修改〈中华人民共和国道路交通安全法〉的决定》第二次修正
2003 年 10 月 28 日中华人民共和国主席令第八号公布
自 2004 年 5 月 1 日起施行

第三十四条 学校、幼儿园、医院、养老院门前的道路没有行人过街设施的，应当施划人行横道线，设置提示标志。

城市主要道路的人行道，应当按照规划设置盲道。盲道的设置应当符合国家标准。

中华人民共和国防震减灾法（节选）

2008年12月27日第十一届全国人民代表大会常务委员会第六次会议修订通过
自2009年5月1日起施行

第七十条 地震灾后恢复重建，应当统筹安排交通、铁路、水利、电力、通信、供水、供电等基础设施和市政公用设施，学校、医院、文化、商贸服务、防灾减灾、环境保护等公共服务设施，以及住房和无障碍设施的建设，合理确定建设规模和时序。

建设工程质量管理条例

2000年1月10日国务院第25次常务会议通过
2000年1月30日中华人民共和国国务院令第279号公布
自公布之日起施行

第一章 总 则

第一条 为了加强对建设工程质量的管理，保证建设工程质量，保护人民生命和财产安全，根据《中华人民共和国建筑法》，制定本条例。

第二条 凡在中华人民共和国境内从事建设工程的新建、扩建、改建等有关活动及实施对建设工程质量监督管理的，必须遵守本条例。

本条例所称建设工程，是指土木工程、建筑工程、线路管道和设备安装工程及装修工程。

第三条 建设单位、勘察单位、设计单位、施工单位、工程监理单位依法对建设工程质量负责。

第四条 县级以上人民政府建设行政主管部门和其他有关部门应当加强对建设工程质量的监督管理。

第五条 从事建设工程活动，必须严格执行基本建设程序，坚持先勘察、后设计、再施工的原则。

县级以上人民政府及其有关部门不得超越权限审批建设项目或者擅自简化基本建设程序。

第六条 国家鼓励采用先进的科学技术和管理方法，提高建设工程质量。

第二章　建设单位的质量责任和义务

第七条　建设单位应当将工程发包给具有相应资质等级的单位。

建设单位不得将建设工程肢解发包。

第八条　建设单位应当依法对工程建设项目的勘察、设计、施工、监理以及与工程建设有关的重要设备、材料等的采购进行招标。

第九条　建设单位必须向有关的勘察、设计、施工、工程监理等单位提供与建设工程有关的原始资料。

原始资料必须真实、准确、齐全。

第十条　建设工程发包单位不得迫使承包方以低于成本的价格竞标，不得任意压缩合理工期。

建设单位不得明示或者暗示设计单位或者施工单位违反工程建设强制性标准，降低建设工程质量。

第十一条　建设单位应当将施工图设计文件报县级以上人民政府建设行政主管部门或者其他有关部门审查。施工图设计文件审查的具体办法，由国务院建设行政主管部门会同国务院其他有关部门制定。

施工图设计文件未经审查批准的，不得使用。

第十二条　实行监理的建设工程，建设单位应当委托具有相应资质等级的工程监理单位进行监理，也可以委托具有工程监理相应资质等级并与被监理工程的施工承包单位没有隶属关系或者其他利害关系的该工程的设计单位进行监理。

下列建设工程必须实行监理：

（一）国家重点建设工程；

（二）大中型公用事业工程；

（三）成片开发建设的住宅小区工程；

（四）利用外国政府或者国际组织贷款、援助资金的工程；

（五）国家规定必须实行监理的其他工程。

第十三条　建设单位在领取施工许可证或者开工报告前，应当按照国家有关规定办理工程质量监督手续。

第十四条 按照合同约定,由建设单位采购建筑材料、建筑构配件和设备的,建设单位应当保证建筑材料、建筑构配件和设备符合设计文件和合同要求。

建设单位不得明示或者暗示施工单位使用不合格的建筑材料、建筑构配件和设备。

第十五条 涉及建筑主体和承重结构变动的装修工程,建设单位应当在施工前委托原设计单位或者具有相应资质等级的设计单位提出设计方案;没有设计方案的,不得施工。

房屋建筑使用者在装修过程中,不得擅自变动房屋建筑主体和承重结构。

第十六条 建设单位收到建设工程竣工报告后,应当组织设计、施工、工程监理等有关单位进行竣工验收。

建设工程竣工验收应当具备下列条件:

(一)完成建设工程设计和合同约定的各项内容;

(二)有完整的技术档案和施工管理资料;

(三)有工程使用的主要建筑材料、建筑构配件和设备的进场试验报告;

(四)有勘察、设计、施工、工程监理等单位分别签署的质量合格文件;

(五)有施工单位签署的工程保修书。

建设工程经验收合格的,方可交付使用。

第十七条 建设单位应当严格按照国家有关档案管理的规定,及时收集、整理建设项目各环节的文件资料,建立、健全建设项目档案,并在建设工程竣工验收后,及时向建设行政主管部门或者其他有关部门移交建设项目档案。

第三章 勘察、设计单位的质量责任和义务

第十八条 从事建设工程勘察、设计的单位应当依法取得相应等级的资质证书,并在其资质等级许可的范围内承揽工程。

禁止勘察、设计单位超越其资质等级许可的范围或者以其他勘察、设计单位的名义承揽工程。禁止勘察、设计单位允许其他单位或者个人以本单位的名义承揽工程。

勘察、设计单位不得转包或者违法分包所承揽的工程。

第十九条 勘察、设计单位必须按照工程建设强制性标准进行勘察、设计，并对其勘察、设计的质量负责。

注册建筑师、注册结构工程师等注册执业人员应当在设计文件上签字，对设计文件负责。

第二十条 勘察单位提供的地质、测量、水文等勘察成果必须真实、准确。

第二十一条 设计单位应当根据勘察成果文件进行建设工程设计。

设计文件应当符合国家规定的设计深度要求，注明工程合理使用年限。

第二十二条 设计单位在设计文件中选用的建筑材料、建筑构配件和设备，应当注明规格、型号、性能等技术指标，其质量要求必须符合国家规定的标准。

除有特殊要求的建筑材料、专用设备、工艺生产线等外，设计单位不得指定生产厂、供应商。

第二十三条 设计单位应当就审查合格的施工图设计文件向施工单位作出详细说明。

第二十四条 设计单位应当参与建设工程质量事故分析，并对因设计造成的质量事故，提出相应的技术处理方案。

第四章　施工单位的质量责任和义务

第二十五条 施工单位应当依法取得相应等级的资质证书，并在其资质等级许可的范围内承揽工程。

禁止施工单位超越本单位资质等级许可的业务范围或者以其他施工单位的名义承揽工程。禁止施工单位允许其他单位或者个人以本单位的名义承揽工程。

施工单位不得转包或者违法分包工程。

第二十六条 施工单位对建设工程的施工质量负责。

施工单位应当建立质量责任制,确定工程项目的项目经理、技术负责人和施工管理负责人。

建设工程实行总承包的,总承包单位应当对全部建设工程质量负责;建设工程勘察、设计、施工、设备采购的一项或者多项实行总承包的,总承包单位应当对其承包的建设工程或者采购的设备的质量负责。

第二十七条 总承包单位依法将建设工程分包给其他单位的,分包单位应当按照分包合同的约定对其分包工程的质量向总承包单位负责,总承包单位与分包单位对分包工程的质量承担连带责任。

第二十八条 施工单位必须按照工程设计图纸和施工技术标准施工,不得擅自修改工程设计,不得偷工减料。

施工单位在施工过程中发现设计文件和图纸有差错的,应当及时提出意见和建议。

第二十九条 施工单位必须按照工程设计要求、施工技术标准和合同约定,对建筑材料、建筑构配件、设备和商品混凝土进行检验,检验应当有书面记录和专人签字;未经检验或者检验不合格的,不得使用。

第三十条 施工单位必须建立、健全施工质量的检验制度,严格工序管理,作好隐蔽工程的质量检查和记录。隐蔽工程在隐蔽前,施工单位应当通知建设单位和建设工程质量监督机构。

第三十一条 施工人员对涉及结构安全的试块、试件以及有关材料,应当在建设单位或者工程监理单位监督下现场取样,并送具有相应资质等级的质量检测单位进行检测。

第三十二条 施工单位对施工中出现质量问题的建设工程或者竣工验收不合格的建设工程,应当负责返修。

第三十三条 施工单位应当建立、健全教育培训制度,加强对职工的教育培训;未经教育培训或者考核不合格的人员,不得上岗作业。

第五章 工程监理单位的质量责任和义务

第三十四条 工程监理单位应当依法取得相应等级的资质证书,并在其资质等级许可的范围内承担工程监理业务。

禁止工程监理单位超越本单位资质等级许可的范围或者以其他工程监理单位的名义承担工程监理业务。禁止工程监理单位允许其他单位或者个人以本单位的名义承担工程监理业务。

工程监理单位不得转让工程监理业务。

第三十五条 工程监理单位与被监理工程的施工承包单位以及建筑材料、建筑构配件和设备供应单位有隶属关系或者其他利害关系的，不得承担该项建设工程的监理业务。

第三十六条 工程监理单位应当依照法律、法规以及有关技术标准、设计文件和建设工程承包合同，代表建设单位对施工质量实施监理，并对施工质量承担监理责任。

第三十七条 工程监理单位应当选派具备相应资格的总监理工程师和监理工程师进驻施工现场。

未经监理工程师签字，建筑材料、建筑构配件和设备不得在工程上使用或者安装，施工单位不得进行下一道工序的施工。未经总监理工程师签字，建设单位不拨付工程款，不进行竣工验收。

第三十八条 监理工程师应当按照工程监理规范的要求，采取旁站、巡视和平行检验等形式，对建设工程实施监理。

第六章　建设工程质量保修

第三十九条 建设工程实行质量保修制度。

建设工程承包单位在向建设单位提交工程竣工验收报告时，应当向建设单位出具质量保修书。质量保修书中应当明确建设工程的保修范围、保修期限和保修责任等。

第四十条 在正常使用条件下，建设工程的最低保修期限为：

（一）基础设施工程、房屋建筑的地基基础工程和主体结构工程，为设计文件规定的该工程的合理使用年限；

（二）屋面防水工程、有防水要求的卫生间、房间和外墙面的防渗漏，为5年；

（三）供热与供冷系统，为2个采暖期、供冷期；

（四）电气管线、给排水管道、设备安装和装修工程，为2年。

其他项目的保修期限由发包方与承包方约定。

建设工程的保修期，自竣工验收合格之日起计算。

第四十一条 建设工程在保修范围和保修期限内发生质量问题的，施工单位应当履行保修义务，并对造成的损失承担赔偿责任。

第四十二条 建设工程在超过合理使用年限后需要继续使用的，产权所有人应当委托具有相应资质等级的勘察、设计单位鉴定，并根据鉴定结果采取加固、维修等措施，重新界定使用期。

第七章 监督管理

第四十三条 国家实行建设工程质量监督管理制度。

国务院建设行政主管部门对全国的建设工程质量实施统一监督管理。国务院铁路、交通、水利等有关部门按照国务院规定的职责分工，负责对全国的有关专业建设工程质量的监督管理。

县级以上地方人民政府建设行政主管部门对本行政区域内的建设工程质量实施监督管理。县级以上地方人民政府交通、水利等有关部门在各自的职责范围内，负责对本行政区域内的专业建设工程质量的监督管理。

第四十四条 国务院建设行政主管部门和国务院铁路、交通、水利等有关部门应当加强对有关建设工程质量的法律、法规和强制性标准执行情况的监督检查。

第四十五条 国务院发展计划部门按照国务院规定的职责，组织稽察特派员，对国家出资的重大建设项目实施监督检查。

国务院经济贸易主管部门按照国务院规定的职责，对国家重大技术改造项目实施监督检查。

第四十六条 建设工程质量监督管理，可以由建设行政主管部门或者其他有关部门委托的建设工程质量监督机构具体实施。

从事房屋建筑工程和市政基础设施工程质量监督的机构，必须按照国家有关规定经国务院建设行政主管部门或者省、自治区、直辖市人民政府建设行政主管部门考核；从事专业建设工程质量监督的机构，必须按照国家有关规定经国务院有关部门或者省、自治区、直辖市人民政府有关部门考核。经考核合格后，方可实施质量监督。

第四十七条 县级以上地方人民政府建设行政主管部门和其他有关部门应当加强对有关建设工程质量的法律、法规和强制性标准执行情况的监督检查。

第四十八条 县级以上人民政府建设行政主管部门和其他有关部门履行监督检查职责时，有权采取下列措施：

（一）要求被检查的单位提供有关工程质量的文件和资料；

（二）进入被检查单位的施工现场进行检查；

（三）发现有影响工程质量的问题时，责令改正。

第四十九条 建设单位应当自建设工程竣工验收合格之日起15日内，将建设工程竣工验收报告和规划、公安消防、环保等部门出具的认可文件或者准许使用文件报建设行政主管部门或者其他有关部门备案。

建设行政主管部门或者其他有关部门发现建设单位在竣工验收过程中有违反国家有关建设工程质量管理规定行为的，责令停止使用，重新组织竣工验收。

第五十条 有关单位和个人对县级以上人民政府建设行政主管部门和其他有关部门进行的监督检查应当支持与配合，不得拒绝或者阻碍建设工程质量监督检查人员依法执行职务。

第五十一条 供水、供电、供气、公安消防等部门或者单位不得明示或者暗示建设单位、施工单位购买其指定的生产供应单位的建筑材料、建筑构配件和设备。

第五十二条 建设工程发生质量事故，有关单位应当在24小时内向当地建设行政主管部门和其他有关部门报告。对重大质量事故，事故发生地的建设行政主管部门和其他有关部门应当按照事故类别和等级向当地人民政府和上级建设行政主管部门和其他有关部门报告。

特别重大质量事故的调查程序按照国务院有关规定办理。

第五十三条 任何单位和个人对建设工程的质量事故、质量缺陷都有权检举、控告、投诉。

第八章 罚 则

第五十四条 违反本条例规定，建设单位将建设工程发包给不具有相应资质等级的勘察、设计、施工单位或者委托给不具有相应资质等级的工程监理单位的，责令改正，处50万元以上100万元以下的罚款。

第五十五条 违反本条例规定，建设单位将建设工程肢解发包的，责令改正，处工程合同价款百分之零点五以上百分之一以下的罚款；对全部或者部分使用国有资金的项目，并可以暂停项目执行或者暂停资金拨付。

第五十六条 违反本条例规定，建设单位有下列行为之一的，责令改正，处20万元以上50万元以下的罚款：

（一）迫使承包方以低于成本的价格竞标的；

（二）任意压缩合理工期的；

（三）明示或者暗示设计单位或者施工单位违反工程建设强制性标准，降低工程质量的；

（四）施工图设计文件未经审查或者审查不合格，擅自施工的；

（五）建设项目必须实行工程监理而未实行工程监理的；

（六）未按照国家规定办理工程质量监督手续的；

（七）明示或者暗示施工单位使用不合格的建筑材料、建筑构配件和设备的；

（八）未按照国家规定将竣工验收报告、有关认可文件或者准许使用文件报送备案的。

第五十七条 违反本条例规定，建设单位未取得施工许可证或者开工报告未经批准，擅自施工的，责令停止施工，限期改正，处工程合同价款百分之一以上百分之二以下的罚款。

第五十八条 违反本条例规定，建设单位有下列行为之一的，责令改正，处工程合同价款百分之二以上百分之四以下的罚款；造成损失的，依法承担赔偿责任；

（一）未组织竣工验收，擅自交付使用的；

（二）验收不合格，擅自交付使用的；

（三）对不合格的建设工程按照合格工程验收的。

第五十九条 违反本条例规定，建设工程竣工验收后，建设单位未向建设行政主管部门或者其他有关部门移交建设项目档案的，责令改正，处1万元以上10万元以下的罚款。

第六十条 违反本条例规定，勘察、设计、施工、工程监理单位超越本单位资质等级承揽工程的，责令停止违法行为，对勘察、设计单位或者工程监理单位处合同约定的勘察费、设计费或者监理酬金1倍以上2倍以下的罚款；对施工单位处工程合同价款百分之二以上百分之四以下的罚款，可以责令停业整顿，降低资质等级；情节严重的，吊销资质证书；有违法所得的，予以没收。

未取得资质证书承揽工程的，予以取缔，依照前款规定处以罚款；有违法所得的，予以没收。

以欺骗手段取得资质证书承揽工程的，吊销资质证书，依照本条第一款规定处以罚款；有违法所得的，予以没收。

第六十一条 违反本条例规定，勘察、设计、施工、工程监理单位允许其他单位或者个人以本单位名义承揽工程的，责令改正，没收违法所得，对勘察、设计单位和工程监理单位处合同约定的勘察费、设计费和监理酬金1倍以上2倍以下的罚款；对施工单位处工程合同价款百分之二以上百分之四以下的罚款；可以责令停业整顿，降低资质等级；情节严重的，吊销资质证书。

第六十二条 违反本条例规定，承包单位将承包的工程转包或者违法分包的，责令改正，没收违法所得，对勘察、设计单位处合同约定的勘察费、设计费百分之二十五以上百分之五十以下的罚款；对施工单位处工程合同价款百分之零点五以上百分之一以下的罚款；可以责令停业整顿，降低资质等级；情节严重的，吊销资质证书。

工程监理单位转让工程监理业务的，责令改正，没收违法所得，处合同约定的监理酬金百分之二十五以上百分之五十以下的罚款；可以责令停业整顿，降低资质等级；情节严重的，吊销资质证书。

第六十三条 违反本条例规定，有下列行为之一的，责令改正，处10万元以上30万元以下的罚款：

（一）勘察单位未按照工程建设强制性标准进行勘察的；

（二）设计单位未根据勘察成果文件进行工程设计的；

（三）设计单位指定建筑材料、建筑构配件的生产厂、供应商的；

（四）设计单位未按照工程建设强制性标准进行设计的。

有前款所列行为，造成工程质量事故的，责令停业整顿，降低资质等级；情节严重的，吊销资质证书；造成损失的，依法承担赔偿责任。

第六十四条 违反本条例规定，施工单位在施工中偷工减料的，使用不合格的建筑材料、建筑构配件和设备的，或者有不按照工程设计图纸或者施工技术标准施工的其他行为的，责令改正，处工程合同价款百分之二以上百分之四以下的罚款；造成建设工程质量不符合规定的质量标准的，负责返工、修理，并赔偿因此造成的损失；情节严重的，责令停业整顿，降低资质等级或者吊销资质证书。

第六十五条 违反本条例规定，施工单位未对建筑材料、建筑构配件、设备和商品混凝土进行检验，或者未对涉及结构安全的试块、试件以及有关材料取样检测的，责令改正，处10万元以上20万元以下的罚款；情节严重的，责令停业整顿，降低资质等级或者吊销资质证书；造成损失的，依法承担赔偿责任。

第六十六条 违反本条例规定，施工单位不履行保修义务或者拖延履行保修义务的，责令改正，处10万元以上20万元以下的罚款，并对在保修期内因质量缺陷造成的损失承担赔偿责任。

第六十七条 工程监理单位有下列行为之一的，责令改正，处50万元以上100万元以下的罚款，降低资质等级或者吊销资质证书；有违法所得的，予以没收；造成损失的，承担连带赔偿责任：

（一）与建设单位或者施工单位串通，弄虚作假、降低工程质量的；

（二）将不合格的建设工程、建筑材料、建筑构配件和设备按照合格签字的。

第六十八条 违反本条例规定，工程监理单位与被监理工程的施工承包单位以及建筑材料、建筑构配件和设备供应单位有隶属关系或者其他利害关系承担该项建设工程的监理业务的，责令改正，处5万元以上10万元以下的罚款，降低资质等级或者吊销资质证书；有违法所得的，予以没收。

第六十九条 违反本条例规定，涉及建筑主体或者承重结构变动的装修工程，没有设计方案擅自施工的，责令改正，处 50 万元以上 100 万元以下的罚款；房屋建筑使用者在装修过程中擅自变动房屋建筑主体和承重结构的，责令改正，处 5 万元以上 10 万元以下的罚款。

有前款所列行为，造成损失的，依法承担赔偿责任。

第七十条 发生重大工程质量事故隐瞒不报、谎报或者拖延报告期限的，对直接负责的主管人员和其他责任人员依法给予行政处分。

第七十一条 违反本条例规定，供水、供电、供气、公安消防等部门或者单位明示或者暗示建设单位或者施工单位购买其指定的生产供应单位的建筑材料、建筑构配件和设备的，责令改正。

第七十二条 违反本条例规定，注册建筑师、注册结构工程师、监理工程师等注册执业人员因过错造成质量事故的，责令停止执业 1 年；造成重大质量事故的，吊销执业资格证书，5 年以内不予注册；情节特别恶劣的，终身不予注册。

第七十三条 依照本条例规定，给予单位罚款处罚的，对单位直接负责的主管人员和其他直接责任人员处单位罚款数额百分之五以上百分之十以下的罚款。

第七十四条 建设单位、设计单位、施工单位、工程监理单位违反国家规定，降低工程质量标准，造成重大安全事故，构成犯罪的，对直接责任人员依法追究刑事责任。

第七十五条 本条例规定的责令停业整顿，降低资质等级和吊销资质证书的行政处罚，由颁发资质证书的机关决定；其他行政处罚，由建设行政主管部门或者其他有关部门依照法定职权决定。

依照本条例规定被吊销资质证书的，由工商行政管理部门吊销其营业执照。

第七十六条 国家机关工作人员在建设工程质量监督管理工作中玩忽职守、滥用职权、徇私舞弊，构成犯罪的，依法追究刑事责任；尚不构成犯罪的，依法给予行政处分。

第七十七条 建设、勘察、设计、施工、工程监理单位的工作人员因调动工作、退休等原因离开该单位后，被发现在该单位工作期间违反国家有关建设工程质量管理规定，造成重大工程质量事故的，仍应当依法追究法律责任。

第九章 附 则

第七十八条 本条例所称肢解发包，是指建设单位将应当由一个承包单位完成的建设工程分解成若干部分发包给不同的承包单位的行为。

本条例所称违法分包，是指下列行为：

（一）总承包单位将建设工程分包给不具备相应资质条件的单位的；

（二）建设工程总承包合同中未有约定，又未经建设单位认可，承包单位将其承包的部分建设工程交由其他单位完成的；

（三）施工总承包单位将建设工程主体结构的施工分包给其他单位的；

（四）分包单位将其承包的建设工程再分包的。

本条例所称转包，是指承包单位承包建设工程后，不履行合同约定的责任和义务，将其承包的全部建设工程转给他人或者将其承包的全部建设工程肢解以后以分包的名义分别转给其他单位承包的行为。

第七十九条 本条例规定的罚款和没收的违法所得，必须全部上缴国库。

第八十条 抢险救灾及其他临时性房屋建筑和农民自建低层住宅的建设活动，不适用本条例。

第八十一条 军事建设工程的管理，按照中央军事委员会的有关规定执行。

第八十二条 本条例自发布之日起施行。

附：刑法有关条款

第一百三十七条 建设单位、设计单位、施工单位、工程监理单位违反国家规定，降低工程质量标准，造成重大安全事故的，对直接责任人员处五年以下有期徒刑或者拘役，并处罚金；后果特别严重的，处五年以上十年以下有期徒刑，并处罚金。

城市道路管理条例

1996年6月4日国务院常务会议通过

自1996年10月1日起施行

第一章 总 则

第一条 为了加强城市道路管理，保障城市道路完好，充分发挥城市道路功能，促进城市经济和社会发展，制定本条例。

第二条 本条例所称城市道路，是指城市供车辆、行人通行的，具备一定技术条件的道路、桥梁及其附属设施。

第三条 本条例适用于城市道路规划、建设、养护、维修和路政管理。

第四条 城市道路管理实行统一规划、配套建设、协调发展和建设、养护、管理并重的原则。

第五条 国家鼓励和支持城市道路科学技术研究，推广先进技术，提高城市道路管理的科学技术水平。

第六条 国务院建设行政主管部门主管全国城市道路管理工作。

省、自治区人民政府城市建设行政主管部门主管本行政区域内的城市道路管理工作。

县级以上城市人民政府市政工程行政主管部门主管本行政区域内的城市道路管理工作。

第二章 规划和建设

第七条 县级以上城市人民政府应当组织市政工程、城市规划、公安交通等部门，根据城市总体规划编制城市道路发展规划。

市政工程行政主管部门应当根据城市道路发展规划，制定城市道路年度建设计划，经城市人民政府批准后实施。

第八条 城市道路建设资金可以按照国家有关规定，采取政府投资、集资、国内外贷款、国有土地有偿使用收入、发行债券等多种渠道筹集。

第九条 城市道路的建设应当符合城市道路技术规范。

第十条 政府投资建设城市道路的，应当根据城市道路发展规划和年度建设计划，由市政工程行政主管部门组织建设。

单位投资建设城市道路的，应当符合城市道路发展规划，并经市政工程行政主管部门批准。

城市住宅小区、开发区内的道路建设，应当分别纳入住宅小区、开发区的开发建设计划配套建设。

第十一条 国家鼓励国内外企业和其他组织以及个人按照城市道路发展规划，投资建设城市道路。

第十二条 城市供水、排水、燃气、热力、供电、通信、消防等依附于城市道路的各种管线、杆线等设施的建设计划，应当与城市道路发展规划和年度建设计划相协调，坚持先地下、后地上的施工原则，与城市道路同步建设。

第十三条 新建的城市道路与铁路干线相交的，应当根据需要在城市规划中预留立体交通设施的建设位置。

城市道路与铁路相交的道口建设应当符合国家有关技术规范，并根据需要逐步建设立体交通设施。建设立体交通设施所需投资，按照国家规定由有关部门协商确定。

第十四条 建设跨越江河的桥梁和隧道，应当符合国家规定的防洪、通航标准和其他有关技术规范。

第十五条 县级以上城市人民政府应当有计划地按照城市道路技术规范改建、拓宽城市道路和公路的结合部，公路行政主管部门可以按照国家有关规定在资金上给予补助。

第十六条 承担城市道路设计、施工的单位，应当具有相应的资质等级，并按照资质等级承担相应的城市道路的设计、施工任务。

第十七条　城市道路的设计、施工，应当严格执行国家和地方规定的城市道路设计、施工的技术规范。

城市道路施工，实行工程质量监督制度。

城市道路工程竣工，经验收合格后，方可交付使用；未经验收或者验收不合格的，不得交付使用。

第十八条　城市道路实行工程质量保修制度。城市道路的保修期为一年，自交付使用之日起计算。保修期内出现工程质量问题，由有关责任单位负责保修。

第十九条　市政工程行政主管部门对利用贷款或者集资建设的大型桥梁、隧道等，可以在一定期限内向过往车辆（军用车辆除外）收取通行费，用于偿还贷款或者集资款，不得挪作他用。

收取通行费的范围和期限，由省、自治区、直辖市人民政府规定。

第三章　养护和维修

第二十条　市政工程行政主管部门对其组织建设和管理的城市道路，按照城市道路的等级、数量及养护和维修的定额，逐年核定养护、维修经费，统一安排养护、维修资金。

第二十一条　承担城市道路养护、维修的单位，应当严格执行城市道路养护、维修的技术规范，定期对城市道路进行养护、维修，确保养护、维修工程的质量。

市政工程行政主管部门负责对养护、维修工程的质量进行监督检查，保障城市道路完好。

第二十二条　市政工程行政主管部门组织建设和管理的道路，由其委托的城市道路养护、维修单位负责养护、维修。单位投资建设和管理的道路，由投资建设的单位或者其委托的单位负责养护、维修。城市住宅小区、开发区内的道路，由建设单位或者其委托的单位负责养护、维修。

第二十三条　设在城市道路上的各类管线的检查井、箱盖或者城市道路附属设施，应当符合城市道路养护规范。因缺损影响交通和安全时，有关产权单位应当及时补缺或者修复。

第二十四条 城市道路的养护、维修工程应当按照规定的期限修复竣工，并在养护、维修工程施工现场设置明显标志和安全防围设施，保障行人和交通车辆安全。

第二十五条 城市道路养护、维修的专用车辆应当使用统一标志；执行任务时，在保证交通安全畅通的情况下，不受行驶路线和行驶方向的限制。

第四章 路政管理

第二十六条 市政工程行政主管部门执行路政管理的人员执行公务，应当按照有关规定佩戴标志，持证上岗。

第二十七条 城市道路范围内禁止下列行为：

（一）擅自占用或者挖掘城市道路；

（二）履带车、铁轮车或者超重、超高、超长车辆擅自在城市道路上行驶；

（三）机动车在桥梁或者非指定的城市道路上试刹车；

（四）擅自在城市道路上建设建筑物、构筑物；

（五）在桥梁上架设压力在4公斤/平方厘米（0.4兆帕）以上的煤气管道、10千伏以上的高压电力线和其他易燃易爆管线；

（六）擅自在桥梁或者路灯设施上设置广告牌或者其他挂浮物；

（七）其他损害、侵占城市道路的行为。

第二十八条 履带车、铁轮车或者超重、超高、超长车辆需要在城市道路上行驶的，事先须征得市政工程行政主管部门同意，并按照公安交通管理部门指定的时间、路线行驶。

军用车辆执行任务需要在城市道路上行驶的，可以不受前款限制，但是应当按照规定采取安全保护措施。

第二十九条 依附于城市道路建设各种管线、杆线等设施的，应当经市政工程行政主管部门批准，方可建设。

第三十条 未经市政工程行政主管部门和公安交通管理部门批准，任何单位或者个人不得占用或者挖掘城市道路。

第三十一条　因特殊情况需要临时占用城市道路的，须经市政工程行政主管部门和公安交通管理部门批准，方可按照规定占用。

经批准临时占用城市道路的，不得损坏城市道路；占用期满后，应当及时清理占用现场，恢复城市道路原状；损坏城市道路的，应当修复或者给予赔偿。

第三十二条　城市人民政府应当严格控制占用城市道路作为集贸市场。

确需占用城市道路作为集贸市场的，应当经县级以上城市人民政府批准；未经批准，擅自占用城市道路作为集贸市场的，市政工程行政主管部门应当责令限期清退，恢复城市道路功能。

本条例施行前未经县级以上城市人民政府批准已经占用城市道路作为集贸市场的，应当按照本条例的规定重新办理审批手续。

第三十三条　因工程建设需要挖掘城市道路的，应当持城市规划部门批准签发的文件和有关设计文件，到市政工程行政主管部门和公安交通管理部门办理审批手续，方可按照规定挖掘。

新建、扩建、改建的城市道路交付使用后5年内、大修的城市道路竣工后3年内不得挖掘；因特殊情况需要挖掘的，须经县级以上城市人民政府批准。

第三十四条　埋设在城市道路下的管线发生故障需要紧急抢修的，可以先行破路抢修，并同时通知市政工程行政主管部门和公安交通管理部门，在24小时内按照规定补办批准手续。

第三十五条　经批准挖掘城市道路的，应当在施工现场设置明显标志和安全防围设施；竣工后，应当及时清理现场，通知市政工程行政主管部门检查验收。

第三十六条　经批准占用或者挖掘城市道路的，应当按照批准的位置、面积、期限占用或者挖掘。需要移动位置、扩大面积、延长时间的，应当提前办理变更审批手续。

第三十七条　占用或者挖掘由市政工程行政主管部门管理的城市道路的，应当向市政工程行政主管部门交纳城市道路占用费或者城市道路挖掘修复费。

城市道路占用费的收费标准，由省、自治区人民政府的建设行政主管部门、直辖市人民政府的市政工程行政主管部门拟订，报同级财政、物价主管部门核定；城市道路挖掘修复费的收费标准，由省、自治区人民政府的建设行政主管部门、直辖市人民政府的市政工程行政主管部门制定，报同级财政、物价主管部门备案。

第三十八条 根据城市建设或者其他特殊需要，市政工程行政主管部门可以对临时占用城市道路的单位或者个人决定缩小占用面积、缩短占用时间或者停止占用，并根据具体情况退还部分城市道路占用费。

第五章 罚 则

第三十九条 违反本条例的规定，有下列行为之一的，由市政工程行政主管部门责令停止设计、施工，限期改正，可以并处 3 万元以下的罚款；已经取得设计、施工资格证书，情节严重的，提请原发证机关吊销设计、施工资格证书：

（一）未取得设计、施工资格或者未按照资质等级承担城市道路的设计、施工任务的；

（二）未按照城市道路设计、施工技术规范设计、施工的；

（三）未按照设计图纸施工或者擅自修改图纸的。

第四十条 违反本条例第十七条规定，擅自使用未经验收或者验收不合格的城市道路的，由市政工程行政主管部门责令限期改正，给予警告，可以并处工程造价 2% 以下的罚款。

第四十一条 承担城市道路养护、维修的单位违反本条例的规定，未定期对城市道路进行养护、维修或者未按照规定的期限修复竣工，并拒绝接受市政工程行政主管部门监督、检查的，由市政工程行政主管部门责令限期改正，给予警告；对负有直接责任的主管人员和其他直接责任人员，依法给予行政处分。

第四十二条 违反本条例第二十七条规定，或者有下列行为之一的，由市政工程行政主管部门或者其他有关部门责令限期改正，可以处以 2 万元以下的罚款；造成损失的，应当依法承担赔偿责任：

（一）未对设在城市道路上的各种管线的检查井、箱盖或者城市道路附属设施的缺损及时补缺或者修复的；

（二）未在城市道路施工现场设置明显标志和安全防围设施的；

（三）占用城市道路期满或者挖掘城市道路后，不及时清理现场的；

（四）依附于城市道路建设各种管线、杆线等设施，不按照规定办理批准手续的；

（五）紧急抢修埋设在城市道路下的管线，不按照规定补办批准手续的；

（六）未按照批准的位置、面积、期限占用或者挖掘城市道路，或者需要移动位置、扩大面积、延长时间，未提前办理变更审批手续的。

第四十三条 违反本条例，构成犯罪的，由司法机关依法追究刑事责任；尚不构成犯罪，应当给予治安管理处罚的，依照治安管理处罚法的规定给予处罚。

第四十四条 市政工程行政主管部门人员玩忽职守、滥用职权、徇私舞弊，构成犯罪的，依法追究刑事责任；尚不构成犯罪的，依法给予行政处分。

第六章 附 则

第四十五条 本条例自1996年10月1日起施行。

政府信息公开条例

2007年1月17日国务院第165次常务会议通过

自2008年5月1日起施行

第一章 总 则

第一条 为了保障公民、法人和其他组织依法获取政府信息，提高政府工作的透明度，促进依法行政，充分发挥政府信息对人民群众生产、生活和经济社会活动的服务作用，制定本条例。

第二条 本条例所称政府信息，是指行政机关在履行职责过程中制作或者获取的，以一定形式记录、保存的信息。

第三条 各级人民政府应当加强对政府信息公开工作的组织领导。

国务院办公厅是全国政府信息公开工作的主管部门，负责推进、指导、协调、监督全国的政府信息公开工作。

县级以上地方人民政府办公厅（室）或者县级以上地方人民政府确定的其他政府信息公开工作主管部门负责推进、指导、协调、监督本行政区域的政府信息公开工作。

第四条 各级人民政府及县级以上人民政府部门应当建立健全本行政机关的政府信息公开工作制度，并指定机构（以下统称政府信息公开工作机构）负责本行政机关政府信息公开的日常工作。

政府信息公开工作机构的具体职责是：

（一）具体承办本行政机关的政府信息公开事宜；

（二）维护和更新本行政机关公开的政府信息；

（三）组织编制本行政机关的政府信息公开指南、政府信息公开目录和政府信息公开工作年度报告；

（四）对拟公开的政府信息进行保密审查；

（五）本行政机关规定的与政府信息公开有关的其他职责。

第五条 行政机关公开政府信息，应当遵循公正、公平、便民的原则。

第六条 行政机关应当及时、准确地公开政府信息。行政机关发现影响或者可能影响社会稳定、扰乱社会管理秩序的虚假或者不完整信息的，应当在其职责范围内发布准确的政府信息予以澄清。

第七条 行政机关应当建立健全政府信息发布协调机制。行政机关发布政府信息涉及其他行政机关的，应当与有关行政机关进行沟通、确认，保证行政机关发布的政府信息准确一致。

行政机关发布政府信息依照国家有关规定需要批准的，未经批准不得发布。

第八条 行政机关公开政府信息，不得危及国家安全、公共安全、经济安全和社会稳定。

第二章 公开的范围

第九条 行政机关对符合下列基本要求之一的政府信息应当主动公开：

（一）涉及公民、法人或者其他组织切身利益的；

（二）需要社会公众广泛知晓或者参与的；

（三）反映本行政机关机构设置、职能、办事程序等情况的；

（四）其他依照法律、法规和国家有关规定应当主动公开的。

第十条 县级以上各级人民政府及其部门应当依照本条例第九条的规定，在各自职责范围内确定主动公开的政府信息的具体内容，并重点公开下列政府信息：

（一）行政法规、规章和规范性文件；

（二）国民经济和社会发展规划、专项规划、区域规划及相关政策；

（三）国民经济和社会发展统计信息；

（四）财政预算、决算报告；

（五）行政事业性收费的项目、依据、标准；

（六）政府集中采购项目的目录、标准及实施情况；

（七）行政许可的事项、依据、条件、数量、程序、期限以及申请行政许可需要提交的全部材料目录及办理情况；

（八）重大建设项目的批准和实施情况；

（九）扶贫、教育、医疗、社会保障、促进就业等方面的政策、措施及其实施情况；

（十）突发公共事件的应急预案、预警信息及应对情况；

（十一）环境保护、公共卫生、安全生产、食品药品、产品质量的监督检查情况。

第十一条 设区的市级人民政府、县级人民政府及其部门重点公开的政府信息还应当包括下列内容：

（一）城乡建设和管理的重大事项；

（二）社会公益事业建设情况；

（三）征收或者征用土地、房屋拆迁及其补偿、补助费用的发放、使用情况；

（四）抢险救灾、优抚、救济、社会捐助等款物的管理、使用和分配情况。

第十二条 乡（镇）人民政府应当依照本条例第九条的规定，在其职责范围内确定主动公开的政府信息的具体内容，并重点公开下列政府信息：

（一）贯彻落实国家关于农村工作政策的情况；

（二）财政收支、各类专项资金的管理和使用情况；

（三）乡（镇）土地利用总体规划、宅基地使用的审核情况；

（四）征收或者征用土地、房屋拆迁及其补偿、补助费用的发放、使用情况；

（五）乡（镇）的债权债务、筹资筹劳情况；

（六）抢险救灾、优抚、救济、社会捐助等款物的发放情况；

（七）乡镇集体企业及其他乡镇经济实体承包、租赁、拍卖等情况；

（八）执行计划生育政策的情况。

第十三条　除本条例第九条、第十条、第十一条、第十二条规定的行政机关主动公开的政府信息外，公民、法人或者其他组织还可以根据自身生产、生活、科研等特殊需要，向国务院部门、地方各级人民政府及县级以上地方人民政府部门申请获取相关政府信息。

第十四条　行政机关应当建立健全政府信息发布保密审查机制，明确审查的程序和责任。

行政机关在公开政府信息前，应当依照《中华人民共和国保守国家秘密法》以及其他法律、法规和国家有关规定对拟公开的政府信息进行审查。

行政机关对政府信息不能确定是否可以公开时，应当依照法律、法规和国家有关规定报有关主管部门或者同级保密工作部门确定。

行政机关不得公开涉及国家秘密、商业秘密、个人隐私的政府信息。但是，经权利人同意公开或者行政机关认为不公开可能对公共利益造成重大影响的涉及商业秘密、个人隐私的政府信息，可以予以公开。

第三章　公开的方式和程序

第十五条　行政机关应当将主动公开的政府信息，通过政府公报、政府网站、新闻发布会以及报刊、广播、电视等便于公众知晓的方式公开。

第十六条　各级人民政府应当在国家档案馆、公共图书馆设置政府信息查阅场所，并配备相应的设施、设备，为公民、法人或者其他组织获取政府信息提供便利。

行政机关可以根据需要设立公共查阅室、资料索取点、信息公告栏、电子信息屏等场所、设施，公开政府信息。

行政机关应当及时向国家档案馆、公共图书馆提供主动公开的政府信息。

第十七条　行政机关制作的政府信息，由制作该政府信息的行政机关负责公开；行政机关从公民、法人或者其他组织获取的政府信息，由保存该政府信息的行政机关负责公开。法律、法规对政府信息公开的权限另有规定的，从其规定。

第十八条　属于主动公开范围的政府信息，应当自该政府信息形成或者变更之日起 20 个工作日内予以公开。法律、法规对政府信息公开的期限另有规定的，从其规定。

第十九条　行政机关应当编制、公布政府信息公开指南和政府信息公开目录，并及时更新。

政府信息公开指南，应当包括政府信息的分类、编排体系、获取方式，政府信息公开工作机构的名称、办公地址、办公时间、联系电话、传真号码、电子邮箱等内容。

政府信息公开目录，应当包括政府信息的索引、名称、内容概述、生成日期等内容。

第二十条　公民、法人或者其他组织依照本条例第十三条规定向行政机关申请获取政府信息的，应当采用书面形式（包括数据电文形式）；采用书面形式确有困难的，申请人可以口头提出，由受理该申请的行政机关代为填写政府信息公开申请。

政府信息公开申请应当包括下列内容：

（一）申请人的姓名或者名称、联系方式；

（二）申请公开的政府信息的内容描述；

（三）申请公开的政府信息的形式要求。

第二十一条　对申请公开的政府信息，行政机关根据下列情况分别作出答复：

（一）属于公开范围的，应当告知申请人获取该政府信息的方式和途径；

（二）属于不予公开范围的，应当告知申请人并说明理由；

（三）依法不属于本行政机关公开或者该政府信息不存在的，应当告知申请人，对能够确定该政府信息的公开机关的，应当告知申请人该行政机关的名称、联系方式；

（四）申请内容不明确的，应当告知申请人作出更改、补充。

第二十二条　申请公开的政府信息中含有不应当公开的内容，但是能够作区分处理的，行政机关应当向申请人提供可以公开的信息内容。

第二十三条　行政机关认为申请公开的政府信息涉及商业秘密、个人隐私，公开后可能损害第三方合法权益的，应当书面征求第三方的意见；第三方不同意公开的，不得公开。但是，行政机关认为不公开可能对公共利益造成重大影响的，应当予以公开，并将决定公开的政府信息内容和理由书面通知第三方。

第二十四条 行政机关收到政府信息公开申请，能够当场答复的，应当当场予以答复。

行政机关不能当场答复的，应当自收到申请之日起15个工作日内予以答复；如需延长答复期限的，应当经政府信息公开工作机构负责人同意，并告知申请人，延长答复的期限最长不得超过15个工作日。

申请公开的政府信息涉及第三方权益的，行政机关征求第三方意见所需时间不计算在本条第二款规定的期限内。

第二十五条 公民、法人或者其他组织向行政机关申请提供与其自身相关的税费缴纳、社会保障、医疗卫生等政府信息的，应当出示有效身份证件或者证明文件。

公民、法人或者其他组织有证据证明行政机关提供的与其自身相关的政府信息记录不准确的，有权要求该行政机关予以更正。该行政机关无权更正的，应当转送有权更正的行政机关处理，并告知申请人。

第二十六条 行政机关依申请公开政府信息，应当按照申请人要求的形式予以提供；无法按照申请人要求的形式提供的，可以通过安排申请人查阅相关资料、提供复制件或者其他适当形式提供。

第二十七条 行政机关依申请提供政府信息，除可以收取检索、复制、邮寄等成本费用外，不得收取其他费用。行政机关不得通过其他组织、个人以有偿服务方式提供政府信息。

行政机关收取检索、复制、邮寄等成本费用的标准由国务院价格主管部门会同国务院财政部门制定。

第二十八条 申请公开政府信息的公民确有经济困难的，经本人申请、政府信息公开工作机构负责人审核同意，可以减免相关费用。

申请公开政府信息的公民存在阅读困难或者视听障碍的，行政机关应当为其提供必要的帮助。

第四章 监督和保障

第二十九条 各级人民政府应当建立健全政府信息公开工作考核制度、社会评议制度和责任追究制度，定期对政府信息公开工作进行考核、评议。

第三十条 政府信息公开工作主管部门和监察机关负责对行政机关政府信息公开的实施情况进行监督检查。

第三十一条 各级行政机关应当在每年 3 月 31 日前公布本行政机关的政府信息公开工作年度报告。

第三十二条 政府信息公开工作年度报告应当包括下列内容：

（一）行政机关主动公开政府信息的情况；

（二）行政机关依申请公开政府信息和不予公开政府信息的情况；

（三）政府信息公开的收费及减免情况；

（四）因政府信息公开申请行政复议、提起行政诉讼的情况；

（五）政府信息公开工作存在的主要问题及改进情况；

（六）其他需要报告的事项。

第三十三条 公民、法人或者其他组织认为行政机关不依法履行政府信息公开义务的，可以向上级行政机关、监察机关或者政府信息公开工作主管部门举报。收到举报的机关应当予以调查处理。

公民、法人或者其他组织认为行政机关在政府信息公开工作中的具体行政行为侵犯其合法权益的，可以依法申请行政复议或者提起行政诉讼。

第三十四条 行政机关违反本条例的规定，未建立健全政府信息发布保密审查机制的，由监察机关、上一级行政机关责令改正；情节严重的，对行政机关主要负责人依法给予处分。

第三十五条 行政机关违反本条例的规定，有下列情形之一的，由监察机关、上一级行政机关责令改正；情节严重的，对行政机关直接负责的主管人员和其他直接责任人员依法给予处分；构成犯罪的，依法追究刑事责任：

（一）不依法履行政府信息公开义务的；

（二）不及时更新公开的政府信息内容、政府信息公开指南和政府信息公开目录的；

（三）违反规定收取费用的；

（四）通过其他组织、个人以有偿服务方式提供政府信息的；

（五）公开不应当公开的政府信息的；

（六）违反本条例规定的其他行为。

第五章　附　则

第三十六条　法律、法规授权的具有管理公共事务职能的组织公开政府信息的活动，适用本条例。

第三十七条　教育、医疗卫生、计划生育、供水、供电、供气、供热、环保、公共交通等与人民群众利益密切相关的公共企事业单位在提供社会公共服务过程中制作、获取的信息的公开，参照本条例执行，具体办法由国务院有关主管部门或者机构制定。

第三十八条　本条例自 2008 年 5 月 1 日起施行。

中国残疾人事业"十二五"发展纲要

　　为全面贯彻落实《中共中央国务院关于促进残疾人事业发展的意见》（中发〔2008〕7号），加快推进残疾人社会保障体系和服务体系建设，进一步改善残疾人状况，促进残疾人平等参与社会生活、共享改革发展成果，依据《中华人民共和国国民经济和社会发展第十二个五年规划纲要》，制定《中国残疾人事业"十二五"发展纲要》（以下简称"纲要"）。

一、残疾人事业面临的形势

　　"十一五"时期，我国残疾人事业迈出历史性的新步伐。党中央、国务院印发《关于促进残疾人事业发展的意见》，对发展残疾人事业作出重大部署，提出加快推进残疾人社会保障体系和服务体系建设、努力使残疾人和全国人民一道向着更高水平小康社会迈进的目标，为未来一个时期残疾人事业的发展指明了方向。国家修订《中华人民共和国残疾人保障法》，批准加入《残疾人权利公约》，制定实施《残疾人就业条例》和残疾人社会保障、特殊教育、医疗康复等领域的一系列政策法规，为发展残疾人事业、保障残疾人权益奠定了法律制度基础。完成第二次全国残疾人抽样调查，为规划和发展残疾人事业提供了科学依据。成功举办2008年北京残奥会、上海世界特奥会、广州亚残运会，上海世博会设立生命阳光馆，开展全国残疾人职业技能竞赛、全国残疾学生技能竞赛和残疾人特殊艺术展演，宣传我国残疾人事业发展成就，表彰全国残疾人自强模范和扶残助残先进，人道主义思想广泛弘扬，扶残助残的社会氛围日益浓厚，残疾人参与社会生活的环境进一步改善。

　　在各级党委、政府的重视和社会各界的支持下，《中国残疾人事业"十一五"发展纲要（2006－2010年）》各项任务指标全面完成，残疾人状况得到明显改善，政府和社会为残疾人服务的能力进一步提升：实施一批重点康复工程，1037.9万残疾人得到不同程度的康复。残疾人特殊教育学校达到1704所，在校残疾学生总数为42.6万人，残疾儿童少年义务教育入学水平明显提高；残疾人职业培训机构达到4704个，376.5万人次残疾人接受职业教育和培训。残疾人就业服务机构达到3019个，城镇新就业残疾人179.7万人次；扶持618.4万人次农村残疾人摆脱贫困；城乡残疾人接受各种形式的社会救助分别达到1623.7万人次和4237.6万人次。残疾人法律服务机构达到3231个，为57.9万人次残疾人提供法律服务和法律援助。创建100个全国无障碍建设示范城市，城市无障碍环境显著改善。基层残疾人组织得到加强，残疾人综合服务设施网络初步建立，为残疾人服务的条件得到改善。广大残疾人积极投身改革开放和社会主义现代化建设伟大实践，自强不息，顽强拼搏，在经济社会发展中发挥了重要作用。

但是，我国残疾人事业基础还比较薄弱，仍然滞后于经济社会发展；残疾人社会保障和服务政策措施还不够完善，稳定的制度性保障还需要进一步推进；残疾人总体生活状况与社会平均水平存在较大差距，在基本生活、医疗、康复、教育、就业、社会参与等方面存在许多困难；农村残疾人的社会保障与服务亟待改善，残疾儿童在接受教育、抢救性康复等方面仍面临一些问题。歧视残疾人、侵害残疾人权益的现象仍时有发生。

今后五年是全面建设小康社会的关键时期，是深化改革开放、加快转变经济发展方式的攻坚时期，也是加快发展残疾人事业的重要时期。必须加快推进残疾人社会保障体系和服务体系建设，加快改善残疾人状况，不断缩小残疾人生活状况与社会平均水平的差距，努力使残疾人同全国人民一道向着更高水平的小康社会迈进。

二、"十二五"时期残疾人事业发展的总目标和指导原则

"十二五"时期，残疾人事业的发展要高举中国特色社会主义伟大旗帜，以邓小平理论和"三个代表"重要思想为指导，深入贯彻落实科学发

展观，全面落实《中共中央国务院关于促进残疾人事业发展的意见》，按照"政府主导、社会参与，国家扶持、市场推动，统筹兼顾、分类指导，立足基层、面向群众"的要求，健全残疾人社会保障体系和服务体系，使残疾人基本生活、医疗、康复、教育、就业、文化体育等基本需求得到制度性保障，促进残疾人状况改善和全面发展，为残疾人平等参与社会生活创造更好的环境和条件，为全面建设小康社会和构建社会主义和谐社会作出贡献。

（一）总目标

——残疾人生活总体达到小康，参与和发展状况显著改善。

——建立起残疾人社会保障体系和服务体系基本框架，保障水平和服务能力明显提高。

——完善残疾人事业法律法规政策体系，依法保障残疾人政治、经济、社会、文化教育权利。

——加强残疾人组织和人才队伍建设，提高残疾人事业科技应用和信息化水平。

——系统开展残疾预防，有效控制残疾的发生和发展。

——弘扬人道主义思想，为残疾人平等参与社会生活、共享经济社会发展成果创造更加有利的环境。

（二）指导原则

1. 坚持以残疾人为本。将切实改善残疾人民生、促进残疾人全面发展作为发展残疾人事业的根本出发点和落脚点。激励残疾人自尊、自信、自强、自立，创造社会财富、实现人生价值。

2. 坚持以加快发展为主题，以残疾人社会保障体系和服务体系建设为主线。将残疾人事业纳入国民经济和社会发展大局，立足国情，讲求实效，加大投入，加快发展，缩小残疾人生活状况与社会平均水平的差距，促进残疾人事业与经济社会协调发展。

3. 坚持党委领导、政府负责的残疾人工作领导体制。将残疾人工作纳入政府重要议事日程和目标管理。建立稳定增长的残疾人事业经费投入保障机制。充分发挥残疾人和残疾人组织的作用,支持残联依照法律法规和章程开展工作,参与残疾人事业社会管理和公共服务。

4. 坚持社会化工作方式。鼓励和引导社会各界参与、支持残疾人社会保障和服务,培育理解、尊重、关心、帮助残疾人的社会风尚。

5. 坚持统筹兼顾和分类指导。政策、资金、项目重点向中西部地区、革命老区、民族地区、边疆地区、贫困地区、农村和基层倾斜,促进区域和城乡残疾人社会保障和服务均衡发展,增强基层为残疾人服务的能力。做好残疾人社会保障体系和服务体系建设省级试验区和专项试点城市工作,发挥典型示范作用。

6. 坚持解决当前问题与完善制度体系相结合。优先解决残疾人反映突出、要求迫切的实际困难。加强制度建设,完善运行机制,提高服务能力,依法发展残疾人事业。

专栏一:主要工作目标

1. 社会保障
——符合条件的残疾人全部纳入城乡最低生活保障制度,实现应保尽保;提高低收入残疾人生活救助水平。
——城乡残疾人普遍加入基本养老保险和基本医疗保险。逐步提高基本医疗和康复保障水平。
——有条件的地方探索建立贫困残疾人生活补助和重度残疾人护理补贴制度。扩大残疾人社会福利范围,适当提高社会福利水平。
——实施"集善工程"、"长江新里程计划"等一批助残慈善项目,推进残疾人慈善事业加快发展。
2. 公共服务
——完善康复服务网络,通过实施重点康复工程帮助1300万残疾人得到不同程度的康复,普遍开展社区康复服务,初步实现残疾人"人人享有康复服务"目标。
——完善残疾人教育体系,健全残疾人教育保障机制。适龄残疾儿童少年普遍接受义务教育,积极发展残疾儿童学前康复教育,大力发展残疾人职业教育,加快发展残疾人高中阶段教育和高等教育。

——加大职业技能培训和岗位开发力度，稳定和扩大残疾人就业，城镇新就业残疾人100万；规范残疾人就业服务体系，保障有就业需求的残疾人普遍得到就业服务和职业培训。

——加强农村残疾人扶贫开发，扶持1000万农村贫困残疾人改善生活状况、增加收入、提高发展能力；为100万农村残疾人提供实用技术培训；改善农村贫困残疾人家庭居住条件。

——建立残疾人托养服务体系，为智力、精神和重度残疾人托养服务提供200万人次补助。

——加强残疾人公共文化和体育健身服务，进一步丰富残疾人精神文化生活。

——建立残疾人法律救助工作协调机制，加快残疾人法律救助工作站建设，为符合规定的残疾人法律援助案件提供补助。

——加快推进城乡无障碍环境建设，有条件的地方为贫困残疾人家庭无障碍改造提供补助。

——制定实施国家残疾预防行动计划，开展残疾预防体系建设试点项目。

3. 支撑条件

——加强残疾人社会保障和服务政策法规建设，制定无障碍建设条例、残疾人康复条例，修订《残疾人教育条例》。

——加强残疾人组织建设，建设好专职、专业和志愿者队伍，加快残疾人康复、教育、就业、维权、托养、文化体育、社会工作等专门人才培养。

——新建、改建、扩建一批骨干残疾人服务设施。

——建立稳定增长的残疾人事业经费投入保障机制。

——做好残疾人社会保障与服务统计和残疾人状况监测。建设残疾人人口综合数据管理系统和中国残疾人服务网。

——产出一批残疾人事业科技和理论研究重大成果。

三、"十二五"时期残疾人事业的主要任务和政策措施

(一) 社会保障

主要任务：

——残疾人基本生活得到稳定的制度性保障。

——城乡残疾人普遍按规定加入基本养老保险和基本医疗保险。

——逐步扩大残疾人社会福利范围，提高社会福利水平。

政策措施：

1. 将残疾人普遍纳入覆盖城乡居民的社会保障体系并予以重点保障和特殊扶助，落实并完善针对残疾人特殊困难和需求的生活补助、护理补贴、社会保险补贴、生活救助等专项社会保障政策措施。

2. 将符合条件的残疾人全部纳入城乡最低生活保障制度，实现应保尽保；靠父母或兄弟姐妹供养的成年重度残疾人单独立户的，按规定纳入低保范围。提高对低收入残疾人的生活救助水平。地方可对符合条件的重度残疾人、一户多残、老残一体等困难残疾人家庭和低收入残疾人家庭给予临时救助。对城乡流浪乞讨生活无着的残疾人按规定给予及时救助和妥善安置。贯彻落实《关于优先解决城乡低收入残疾人家庭住房困难的通知》，将住房困难的城乡低收入残疾人家庭优先纳入基本住房保障范围。将符合条件的城乡贫困残疾人纳入医疗救助范围，逐步提高救助标准。开展残疾人康复救助，对贫困残疾人无法通过医疗保险和医疗救助渠道解决的康复费用予以补助。

3. 督促用人单位依法为残疾职工缴纳社会保险费，符合条件的残疾人按规定享受失业保险待遇。将残疾人纳入就业扶持和就业援助政策范围，对企业吸纳、灵活就业和公益性岗位安置的残疾人，按规定给予社会保险补贴。按规定落实城镇贫困残疾人个体工商户缴纳基本养老费补贴政策。支持符合条件的企业按规定为残疾职工办理补充养老保险和补充医疗保险。制定非公有制经济从业残疾人员、残疾农民工、被征地农村残疾人、

灵活就业残疾人参加各类社会保险的优惠政策。对工（农）疗机构、辅助性工场等集中安置残疾人就业单位办理社会保险给予优惠政策。

在城镇居民养老保险试点过程中按照自愿参保的原则将符合规定条件的残疾人纳入其中。落实贫困残疾人参加城镇居民基本医疗保险、新型农村合作医疗个人缴费部分的政府补贴政策。落实为重度残疾人等缴费困难群体参加新型农村社会养老保险代缴部分或全部最低标准保险费政策。

逐步降低或取消医疗救助的起付线，合理设置封顶线。在将重性精神病患者经常服药费用纳入新农合、城镇居民基本医疗保险基金支付范围的基础上，对仍有困难的给予救助。逐步调整基本医疗保险药品目录、诊疗项目范围和医疗服务设施标准，提高残疾人医疗康复保障水平。逐步规范和增加工伤保险职业康复项目。鼓励开设针对残疾人特殊需求的商业保险险种。

4. 建立贫困残疾人生活补助和重度残疾人护理补贴制度。有条件的地方开展一户多残、老残一体等困难残疾人生活补助试点和重度残疾人护理补贴试点。有条件的地方对重度残疾人适配基本型辅助器具、残疾人家庭环境无障碍建设和改造、日间照料、护理和居家服务给予政府补贴。制定落实残疾人生活用水、电、气、暖费用，挂号费、诊疗费，泊车费，盲人、聋人手机短信和宽带费用以及农村筹资筹劳等方面的优惠政策。研究制定无民事行为能力和限制民事行为能力残疾人财产信托、人身和财产保险等保护措施。

5. 落实《伤病残军人退役安置规定》，做好伤病残军人移交安置工作，逐步提高伤病残军人保障待遇。保障伤病残军人优先享受康复、教育、就业、扶贫及文化、体育等公共服务。

（二）康　复

主要任务：

——完善康复服务网络，健全保障机制，加快康复专业人才培养，初步实现残疾人"人人享有康复服务"目标。

——全面开展社区康复服务；实施重点康复工程，帮助1300万残疾人得到不同程度的康复。

——构建辅助器具适配体系,组织供应 500 万件各类辅助器具,有需求的残疾人普遍适配基本型辅助器具。

政策措施:

1. 以专业康复机构为骨干、社区为基础、家庭为依托,发挥医疗机构、城市社区卫生服务中心、村卫生室、特教学校、残疾人集中就业单位、残疾人福利机构等的作用,建立健全社会化的残疾人康复服务网络,全面开展医疗康复、教育康复、职业康复、社会康复,提供功能技能训练、辅助器具适配、心理辅导、康复转介、残疾预防、知识普及和咨询等康复服务。重点解决中西部地区、农牧区和贫困残疾人康复服务的可及性问题。

2. 加强省、市、县三级专业康复机构的规范化建设。制定康复机构和精神病患者康复机构的建设标准和服务规范。建设一批专业化骨干康复机构以及综合医院康复医学科和康复医院。扶持一批有条件的省、市级康复机构成为区域性康复技术资源中心,扶持一批社区康复站成为基层康复工作示范点。加强综合医院、精神专科医院康复医学科室建设,规范康复医学服务行为,开展康复医疗与训练、人员培训、技术指导、康复技术研究等工作。加强民政福利机构康复设施建设。

3. 城市社区卫生服务中心、乡镇卫生院要根据康复服务需求设立康复室,配备适宜的康复设备和人员。建立示范性社区康复站。依托各级各类医疗、康复、教育机构,充分利用社区资源,加强社区康复服务能力建设,制定社区康复服务质量标准,开展规范化社区康复服务,实现康复进社区、服务到家庭,为残疾人提供基本康复服务。

4. 实施 0-6 岁残疾儿童免费抢救性康复项目,建立残疾儿童抢救性康复救助制度,有条件的地区逐步扩大康复救助范围。实施白内障患者复明救治、盲人定向行走训练、低视力残疾人康复、聋儿听力语言康复、肢体残疾人矫治手术及康复训练、麻风畸残矫治手术及防护用品配置、智力残疾人康复训练与服务、精神病防治康复等国家重点康复工程。

5. 制定国家扶持辅助器具产业发展政策,研究完善辅助器具等残疾人专用品进口税收优惠政策。构建辅助器具适配体系,完善辅助器具标准,实施《残疾人辅助器具机构建设规范》,发挥国家和区域残疾人辅助器具资源中心的作用，加强各级残疾人辅助器具服务中心（站）建设，推广辅助器具评估适配等科学方法，推进辅助器具服务进社区、到家庭。加强国家康复器械质量监督检验中心建设，强化辅助器具质量监督检验工作。扶持研发、生产一批残疾人急需的辅助器具，组织供应500万件辅助器具，提高适用性和使用率。完善中国残疾人辅助器具服务网，办好中国国际康复博览会。

6. 制定康复医学发展规划，加强康复医学学科建设，提高康复医学发展水平，不断提高康复服务质量。建立国家康复人才教育基地。实施康复人才培养"百千万"工程，使康复专业人才总量增加、结构合理、水平提高。逐步建立完善康复专业技术人员和技能人员职业资格评价体系和晋升体系。制定完善听力语言康复，脑瘫、智力残疾、孤独症儿童康复训练，精神病防治康复等技术标准。

（三）教 育

主要任务：

——完善残疾人教育体系，健全保障机制，提高残疾人受教育水平。

——适龄残疾儿童少年普遍接受义务教育，提高残疾儿童少年义务教育质量。

——发展残疾儿童学前康复教育；大力发展残疾人职业教育，加快发展残疾人高中阶段教育和高等教育。

——减少残疾人青壮年文盲。

政策措施：

1. 贯彻落实《残疾人教育条例》、《国家中长期教育改革和发展规划纲要（2010－2020年）》和《国务院办公厅转发教育部等部门关于进一步加快特殊教育事业发展意见的通知》（国办发〔2009〕41号），建立完善从学前教育到高等教育的残疾人教育体系，健全特殊教育保障机制，将特殊教育纳入国家教育督导制度和政府教育评价体系，保障残疾人受教育的权利。

2. 将残疾人义务教育纳入基本公共服务体系。继续完善以特殊教育学校为骨干、以随班就读和特教班为主体的残疾儿童少年义务教育体系，加快普及并提高适龄残疾儿童少年义务教育水平。采取社区教育、送教上门、跨区域招生、建立专门学校等形式对适龄重度肢体残疾、重度智力残疾、孤独症、脑瘫和多重残疾儿童少年实施义务教育。动员和组织农牧区适龄残疾儿童少年接受义务教育，推进区域内残疾儿童少年义务教育均衡发展。建立完善残疾儿童少年随班就读支持保障体系，依托有条件的教育机构设立特殊教育资源中心，辐射带动特殊教育学校和普通学校，提高随班就读质量。支持儿童福利机构特教班建设。

3. 建立多部门联动的0－6岁残疾儿童筛查、报告、转衔、早期康复教育、家长培训和师资培养的工作机制，鼓励和支持幼儿园、特教学校、残疾儿童康复和福利机构等实施残疾儿童学前康复教育。实施"阳光助学计划"，资助残疾儿童接受普惠性学前康复教育。逐步提高残疾儿童学前康复教育普及程度。重视0－3岁残疾儿童康复教育。帮助0－6岁残疾儿童家长及保育人员接受科学的康复教育指导。鼓励、扶持和规范社会力量兴办残疾儿童学前康复教育机构。

4. 普通高中、中等职业学校要创造条件招收残疾学生。鼓励和扶持特教学校开设高中部（班），支持特教高中、残疾人中等职业学校建设，改善办学条件。扩大残疾人中等职业学校招生规模，拓宽专业设置，改革培养模式，加快残疾人技能型人才培养。帮助农村残疾人和残疾人家庭子女接受职业教育。残疾人教育机构、职业培训机构、托养机构、残疾人扶贫基地等要承担扫除残疾人青壮年文盲的任务和职责，探索残疾人青壮年文盲扫盲工作机制和模式。

5. 普通高校要创造条件扩大招收残疾学生规模，为残疾学生学习、生活提供便利。要尊重少数民族的风俗习惯，为少数民族残疾学生创造良好学习生活环境。继续办好南京特殊教育职业技术学院、长春大学特殊教育学院、北京联合大学特殊教育学院、天津理工大学聋人工学院、滨州医学院特殊教育学院等高等特殊教育学院（专业），适当扩大招生规模，拓宽专业设置，完善办学机制，提高办学层次和质量。通过自学考试、远程教育等方式帮助更多的残疾人接受高等教育。完善盲、聋、重度肢体残疾等特殊考生招生、考试办法。聋人参加各类外语考试免试听力。

6. 加大特殊教育教师培训力度，提升特殊教育师资能力。高等师范院校普遍开设特殊教育课程，鼓励和支持高等师范院校和综合性院校举办特殊教育专业，加快特殊教育教师培养。根据国家规定落实并逐步提高特教津贴。在优秀教师表彰中提高特殊教育教师比例。推进中西部地区特殊教育学校建设。国家制定特殊教育学校基本办学标准，地方政府制定学生人均公用经费标准和教职工编制标准。改善特殊教育学校办学条件。深化课程改革，完善教材建设，加强教学研究，不断提高特殊教育教学质量和水平，全面提高残疾学生思想道德、科学文化、身心健康素质和社会适应能力。

7. 全面实施残疾学生免费义务教育。对义务教育阶段残疾学生在"两免一补"基础上，针对残疾学生的特殊需要，进一步提高补助水平。逐步实施残疾学生高中阶段免费教育。普通高校全日制本专科在校生中家庭经济困难的残疾学生及残疾人家庭子女优先享受国家助学金。动员社会力量广泛开展各种形式的扶残助学活动。

8. 将手语、盲文研究与推广工作纳入国家语言文字工作规划，建立手语、盲文研究机构，规范、推广国家通用手语、通用盲文，提高手语、盲文的信息化水平。建立手语翻译员培训、认证、派遣服务制度。

（四）就　业

主要任务：

——完善残疾人就业促进和保护政策措施，稳定和扩大残疾人就业，提高残疾人就业质量，鼓励残疾人创业，城镇新就业残疾人100万人。

——规范残疾人就业服务体系，有就业需求的各类残疾人普遍获得就业服务和职业技能培训。

政策措施：

1. 全面贯彻《中华人民共和国就业促进法》和《残疾人就业条例》。落实对残疾人集中就业单位税收优惠和对从事个体经营的残疾人实施收费减免、税收扶持有关政策，完善残疾人就业保障金征收使用管理政策。编制残疾人集中就业单位专产专营和政府优先采购产品与服务目录。将残疾人就业纳入各级政府就业联动和督导工作。

2. 实施百万残疾人就业工程。切实落实按比例就业政策，党政机关、人民团体、事业单位及国有企业带头安排残疾人，促进更多残疾人在各类用人单位按比例就业，逐步建立残疾人按比例就业岗位预留制度；政府开发的适合残疾人就业的公益性岗位，应优先安排残疾人就业；落实完善残疾人就业促进税收优惠政策，鼓励用人单位吸纳残疾人就业；通过资金扶持、小额贷款贴息、经营场所扶持、社会保险补贴、税收优惠等措施，扶持残疾人自主创业和灵活就业。以社区便民服务、社区公益性岗位、家庭服务、电子商务等多种形式促进残疾人社区就业和居家就业。落实高校残疾人毕业生就业扶持政策。加强对外来务工残疾人、女性残疾人和少数民族残疾人的职业培训和就业服务。

3. 加强残疾人职业教育培训和职业能力建设。以就业为导向，鼓励各级各类特殊教育学校、职业学校及其他教育培训机构开展多层次残疾人职业教育培训，着力加强订单式培训、定向培训和定岗培训，强化实际操作技能训练和职业素质培养，着力提高培训后的就业率。建立残疾人职业培训补贴与培训质量、一次性就业率相衔接的机制。加强残疾人职业能力开发，建立健全残疾人职业技能人才奖励机制。举办全国残疾人职业技能竞赛，参加国际残疾人奥林匹克职业技能竞赛。

4. 全面实施《盲人医疗按摩管理办法》。组织好国家盲人医疗按摩人员资格考试，做好盲人医疗按摩人员执业资格和专业技术职称评审工作。扩建北京按摩医院。培养盲人医疗按摩人员。鼓励医疗机构录用盲人医疗按摩人员。帮助有执业资格的盲人开办医疗按摩所。制定盲人保健按摩管理办法，规范盲人保健按摩行业管理。培训盲人保健按摩人员并扶持就业。为听力言语残疾人提供培训，帮助听力言语残疾人就业。大力推进职业康复劳动项目，促进智力和精神残疾人辅助性就业。

5. 各地公共就业服务机构和基层劳动就业社会保障公共服务平台免费为残疾人提供有针对性的职业介绍、职业指导等就业服务。将就业困难残疾人纳入就业援助范围，通过即时岗位援助、公益性岗位安置、社会保险补贴等政策，加大就业援助力度。结合公共就业人才服务专项活动，为残疾人提供专门服务。采取有效措施积极引导经营性人力资源服务机构履行社会责任，为残疾人提供优质、高效、贴心的就业服务。加强劳动保障监察，督促各类用人单位认真遵守国家促进残疾人就业的法律法规，禁止针对残疾人的就业歧视和违法雇佣残疾人，维护残疾人公平就业权利。

6. 实施残疾人就业服务能力建设工程。加强国家残疾人就业服务指导中心建设，制定残疾人职业技能鉴定辅助标准，完善残疾人职业技能鉴定办法。加快推进残疾人就业服务机构规范化建设，县级以上残疾人就业服务机构具备独立开展就业服务的条件，建立残疾人职业指导、职业信息分析、职业能力评估和劳动保障协理相结合的专业就业保障服务队伍，为用人单位提供适合残疾人的就业信息发布和推荐残疾人就业等支持性服务，免费为残疾人提供职业指导、职业适应评估、就业和失业登记、职业介绍等服务。依托基层残疾人专职委员队伍，培训残疾人就业服务与社保协理员。加强残疾人就业服务信息网建设，将其纳入公共就业人才服务信息网络系统。

7. 依托农村扶贫开发和统筹城乡就业政策，扶持农村残疾人开展种养业、家庭服务业和其他增收项目，有序组织农村残疾人转移就业。

（五）扶　贫

主要任务：

——加强农村残疾人扶贫开发，扶持1000万农村贫困残疾人改善生活状况、增加收入、提高发展能力。

——为100万农村残疾人提供实用技术培训。

——继续实施"阳光安居工程"，改善农村贫困残疾人家庭居住条件。

政策措施：

1. 贯彻落实《中国农村扶贫开发纲要（2011－2020年）》，将贫困残疾人作为重点扶持群体纳入政府扶贫开发规划，统筹安排，同步实施，优先帮扶。制定并实施《农村残疾人扶贫开发规划（2011－2020年）》。完善贫困残疾人口的识别机制，将家庭年人均纯收入低于当地最低生活保障标准的农村贫困残疾人纳入农村低保范围，将有劳动能力的农村贫困残疾人纳入扶贫范围。帮助有劳动能力的贫困残疾人优先享受国家扶贫开发和惠农政策，做好农村低保制度和扶贫开发政策的有效衔接。中央和地方多渠道安排筹措资金，加大对农村贫困残疾人的帮扶力度。

2. 继续开展残疾人康复扶贫。增加中央康复扶贫贷款贴息资金。加大康复扶贫贷款管理体制改革力度,健全担保体系,简化贷款程序,提高贷款扶持贫困残疾人户的到位率和扶贫效益。加强对扶持贫困残疾人的能人大户和扶贫基地的信贷支持。开展产业化扶贫,实施"阳光助残扶贫基地建设工程",扶持创建一批农村残疾人扶贫基地,带动贫困残疾人农户发展生产、增加收入。

3. 加强对农村贫困残疾人的培训。为100万农村贫困残疾人开展实用技术培训,合理设置适合不同类别残疾人的培训项目,使经过培训的残疾人至少掌握1-2门实用增收技术。政府举办或补助的面向"三农"的培训机构和项目免费培训残疾人。

4. 在移民扶贫和农村危房改造工程中对农牧区贫困残疾人家庭住房建设和改造予以优先安排。继续使用国家彩票公益金支持"阳光安居工程"——中西部地区农村贫困残疾人家庭危房改造项目。

5. 加强基层残疾人扶贫服务社建设,依托农村金融机构、供销合作社、农民专业合作社、贫困村互助社、各种行业协会组织等农村社会化服务体系,为残疾人提供多种形式的生产生活服务。

6. 广泛开展"帮、包、带、扶"活动,动员城乡基层组织、干部、群众、志愿者结对帮扶农村贫困残疾人。

(六)托 养

主要任务:

——初步建立残疾人托养服务体系。

——继续实施"阳光家园计划",为残疾人托养服务提供200万人次补助。

政策措施:

1. 以智力、精神、重度残疾人为重点对象,组织开展托养服务需求调查,摸清底数,制定托养服务发展计划。

2. 建立健全以省级或省会城市托养服务机构为示范、设区的市和有条件的县托养服务机构为骨干、乡镇(街道)和社区日间照料为主体、居家托养服务为基础的残疾人托养服务体系。省级或省会城市、设区的市及有条件的县(市、区)建设一批残疾人托养服务骨干示范机构。引导支持社会组织和个人兴办非营利性残疾人托养服务机构。

3. 大力发展居家托养服务。通过政策和资金扶持，动员社会服务组织、志愿服务人员、家庭邻里等力量，依托社区和家庭，为更多居住在家并符合托养条件的残疾人提供生活照料、康复护理、生活和职业能力培训、精神慰藉、安全保护等方面的服务。

4. 坚持政府投入为主，鼓励通过社会募集等多种渠道筹措托养服务资金，逐步提高托养服务的补助标准，扩大受益面。

5. 制定实施残疾人托养服务机构建设标准和服务规范。加强行业管理，探索建立针对残疾人托养服务机构、提供残疾人居家托养服务的社会组织资助制度和服务质量监管制度。对规范达标的托养服务机构给予居民家庭水、电、气、暖费用同价优惠待遇。按照专职与志愿相结合的原则，加强托养服务队伍建设，培训管理和服务人员。

（七）文　化

主要任务：

——加强公共文化服务，满足残疾人基本文化需求。

——丰富残疾人文化生活，发展残疾人文化艺术。

政策措施：

1. 各类公共文化场所免费或优惠向残疾人开放，提供设施及信息交流无障碍服务。群众艺术馆、文化馆、乡镇综合文化站、社区文化中心（街道文化站）、特殊教育学校、残疾人组织、社会福利机构、社会残疾人服务机构等组织残疾人开展形式多样、健康有益的群众性文化、艺术、娱乐活动。农家书屋、全国文化信息资源共享工程等国家公共文化服务重点项目中要有为残疾人服务的内容。在国家和地方各级政府组织开展的各项文化活动以及各类文化评奖、艺术比赛中，鼓励和吸纳残疾人或残疾人文化艺术团体参与。

2. 以"残疾人文化周"为载体，开展基层群众性残疾人文化活动。在城乡社区实施"残疾人文化进社区"项目。扶持出版为残疾人服务的图书、音像制品。扶持残疾人题材的影视剧、戏剧、广播剧等文艺作品的创作、发行。建设网上中国残疾人数字图书馆，拓展面向各类残疾人的数字资源服务。扶持各种音像制品、网络视频和学习课件加配字幕。

3. 各级公共图书馆应设立盲人阅览室，配置盲文图书及有关阅读设备，做好盲人阅读服务。资助中西部地区设区的市、县两级公共图书馆盲人阅览室建设。充分发挥中国视障文化资讯服务中心（中国盲文图书馆）资源辐射和公共文化服务作用。盲人读物出版规模比"十一五"翻两番，加强盲人信息化产品研发、生产和应用。

4. 扶持以特殊教育学校为主的残疾人特殊艺术人才培养基地。举办全国残疾人艺术汇演、全国特教学校学生艺术汇演和全国残疾人文化艺术博览会。鼓励扶持残疾人参加工艺美术、书画、文学、摄影等艺术活动和创作，培育残疾人文化艺术品牌。开展残疾人文化艺术国际交流。

（八）体　育

主要任务：

——加强残疾人群众体育工作，促进残疾人康复健身，提高社会参与能力。

——提高残疾人竞技体育水平，在重大残疾人国际赛事中争取优异成绩。

政策措施：

1. 公共体育设施免费向残疾人开放，为残疾人参加体育健身提供便利。社会体育指导员要积极组织、帮助残疾人参加体育健身活动。社区和社会福利机构、特殊教育学校、康复机构、托养服务机构等残疾人相对集中的基层单位要结合康复训练、职业培训、特殊教育等，广泛开展残疾人群众性体育健身活动。重视农村残疾人体育工作，引导农村残疾人因地制宜参加健身活动。推动残奥、聋奥、特奥均衡发展，经常参加特奥运动的智力残疾人发展到 120 万人。

2. 贯彻落实《全民健身计划（2011－2015 年）》，实施"残疾人自强健身工程"。推广适合残疾人身心特点的健身康复体育项目，举办全国性、区域性残疾人群众性体育展示活动。为基层残疾人体育活动场所和残疾人综合服务设施配置适宜的器材器械，建设一批群众体育活动示范点。积极做好残疾人体育健身服务，培养残疾人社会体育健身指导员。开展残疾人群众性体育促进康复健身效果的评估和科学研究。

3. 改革残疾人体育竞赛制度。实施残疾人运动员等级评定办法。建立优秀残疾人运动员集训队伍，培育残疾人体育技术人员、管理人员队伍。发挥国家残疾人体育训练基地的示范作用，进一步加强残疾人体育基地建设和管理。加强残疾人体育教育、科研工作和道德作风建设。解决退役残疾人运动员社会保障和教育、就业等问题。

4. 办好全国残运会、特奥会、聋人运动会等赛事。组团参加残奥会、特奥会、听障奥运会等重要国际赛事，争取优异成绩，为国争光。

（九）无障碍环境

主要任务：

——加快推进无障碍建设与改造，开展全国无障碍建设市、县、区创建工作。

——加强信息无障碍建设，公共服务信息方便残疾人使用。

——开展残疾人家庭无障碍改造，对贫困残疾人家庭提供改造补助。

政策措施：

1. 制定实施无障碍建设条例，依法开展无障碍建设。完善无障碍建设标准体系，新建、改建、扩建设施严格按照国家相关规范建设无障碍设施，加快推进既有道路、建筑物、居住小区、园林绿地特别是与残疾人日常生活密切相关的已建设施无障碍改造。提高无障碍建设质量和水平，加强无障碍设施日常维护与管理。开展创建全国无障碍建设市、县、区工作。普及无障碍知识，加强宣传与推广。

2. 实施无障碍环境建设工程。将无障碍建设纳入社会主义新农村和城镇化建设内容，与公共服务设施同时规划、同时设计、同时施工、同时验收。航空、铁路及城市公共交通要加大无障碍建设和改造力度，公共交通工具要逐步完善无障碍设备配置，公共停车区要设置残疾人停车位。广泛开展残疾人家庭无障碍改造工作，有条件的地方要对贫困残疾人家庭无障碍改造提供补助。基本完成残疾人综合服务设施的无障碍改造。

3. 将信息无障碍纳入信息化相关规划，更加关注残疾人享受信息化成果、参与信息化建设进程。制定信息无障碍技术标准，推进通用产品、技术信息无障碍。推进互联网和手机、电脑、可视设备等信息无障碍实用技术、产品研发和推广，推动互联网网站无障碍设计。各级政府和有关部门采取无障碍方式发布政务信息。推动公共服务行业、公共场所、公共交通工具建立语音提示、屏显字幕、视觉引导等系统。推进聋人手机短信服务平台建设。推进药品和食品说明的信息无障碍。图书和声像资源数字化建设实现信息无障碍。

（十）法制建设和维权

主要任务：

——进一步完善残疾人事业法律法规政策体系，加强普法宣传，提高全社会依法维护残疾人权益的意识，为残疾人社会保障体系和服务体系建设提供良好法制环境。

——完善残疾人维权工作机制，畅通联系残疾人的渠道，深入开展残疾人法律救助工作，着力解决残疾人普遍性、群体性的利益诉求。

政策措施：

1. 进一步健全残疾人事业法律法规体系。制定无障碍建设条例、残疾人康复条例，修订《残疾人教育条例》。完成《残疾人保障法》地方实施办法的修改工作，指导地方适时制定和修改残疾人优惠政策和扶助规定。在涉及残疾人的立法中纳入保障残疾人权益的内容。尊重和保障残疾人在相关立法和残疾人事务中的知情权、参与权、表达权和监督权。

2. 进一步加大《残疾人保障法》等保障残疾人权益法律法规的实施力度，积极配合各级人大、政协开展执法检查、视察和调研，依法维护残疾人合法权益。建立健全残联系统人大代表、政协委员服务工作机制，充分发挥残疾人组织和残疾人代表在国家政治、经济、社会、文化生活中的民主参与、民主管理和民主监督作用。

3. 将《残疾人保障法》等法律法规纳入国家"六五"普法规划，开展形式多样的普法宣传活动，提高全社会依法维护残疾人权益的意识，提高残疾人对《残疾人保障法》等法律法规的知晓率，提升残疾人运用法律武器维护自身合法权益的能力。对残联系统工作人员开展法制教育培训，培训残疾人维权工作人员。

4. 深入推进残疾人法律救助工作。切实加强残疾人法律救助工作协调机制建设，在政策制定、重大案件解决上发挥有效作用。拓展残疾人法律服务工作领域和服务内容，开展"送法进社区"、"送法进乡村"等活动，把残疾人法律服务向社区、乡村和老少边穷地区延伸，为残疾人提供个性化、专业化服务，依法解决残疾人切身利益问题。继续推动将残疾人权益保护事项纳入法律援助补充事项范围，扩大残疾人法律援助覆盖面。加快残疾人法律救助工作机构建设，在省、市和有条件的县建立残疾人法律救助工作站。为符合规定的残疾人法律援助案件提供经费补助。加强残疾人法律救助工作的信息化管理和基础理论研究。

5. 进一步完善残疾人信访工作机制，畅通信访渠道，健全信访事项督查督办与突发群体性事件应急处置机制。加大矛盾纠纷排查化解力度，将残疾人信访反映的困难和问题解决在基层。根据各类别残疾人的不同特点、需求，制定出台相关政策，解决残疾人在社会保障和服务等方面普遍性、群体性的权益诉求。加大重大侵害残疾人权益的信访案件协调督办力度，严厉打击侵害残疾人权益的违法犯罪行为，维护残疾人权益和社会稳定。

（十一）残疾预防

主要任务：

——建立综合性、社会化预防和控制网络，形成信息准确、方法科学、管理完善、资源共享、监控有效的残疾预防机制。

——实施重点预防工程，有效控制残疾的发生和发展。

政策措施：

1. 制定和实施国家残疾预防行动计划。开展残疾预防体系建设试点项目。广泛开展以社区为基础、以一级预防为重点的三级预防工作，健全政府统筹规划和协调、各有关部门和团体齐抓共管、各司其职、密切配合的残疾预防工作体系和工作机制。

2. 针对危害面广、可预防的致残因素，实施一批重点预防工程。开展免费孕前优生健康检查试点。逐步建立健全全国产前筛查诊断网络，做好孕产期保健和产前诊断，开展新生儿疾病筛查、诊断和治疗，建立残疾儿童早发现、早报告、早治疗制度，有效控制孤独症、脑瘫、重度智力残疾等先天残疾的发生，有效控制先天性苯丙酮尿症和先天性甲状腺功能低下所引起的儿童智力残疾的发生。强化计划免疫和基本医疗卫生保健，大量减少传染病致残。积极开展高血压、冠心病、脑血管疾病等慢性病的预防监测和治疗，倡导健康生活方式，减少慢性病致残。有效落实各项地方病防治措施，防止出现地方性克汀病新发病例、重度氟骨症患者、大骨节病临床新发病例和急性、亚急性克山病病例。加强初级眼保健工作，提高白内障手术能力，普及青少年视力检查和眼保健，减少白内障、糖尿病视网膜病变、低视力、儿童盲、屈光不正等导致的可避免盲。规范临床药物使用管理，完善控制药物不良反应的措施和不良反应的报告制度，减少药物致残。加强环境保护、安全生产、工伤预防、交通安全和防灾减灾工作，提高应急处理和医疗急救能力，控制、减少环境因素和事故致残。重视精神残疾预防，对重点人群开展心理健康教育和心理干预。

3. 普及残疾预防知识，提高公众残疾预防意识。组织好世界精神卫生日、全国爱耳日、爱眼日、预防出生缺陷日、防治碘缺乏病日等主题宣传教育活动，重点做好新婚夫妇、孕产期妇女、有害环境地区居民、交通和矿山行业职工、中小学生等重点人群的宣传教育工作。普及婚前卫生指导、孕前优生咨询和医学检查。

4. 加强有关残疾预防法律法规建设。执行《残疾人残疾分类分级》国家标准，实施残疾报告制度。加强信息收集，建立残疾预防的综合信息网络平台和数据库，开展致残因素监控和残疾预防对策研究。加强国家社科基金重大项目"中国残疾预防对策研究"的组织实施和成果转化应用工作。

专栏二:"十二五"主要助残服务项目

1. **0-6岁残疾儿童抢救性康复工程**:为残疾儿童实施免费抢救性康复,建立残疾儿童抢救性康复救助制度和0-6岁残疾儿童筛查、报告、转衔、早期康复教育工作机制。

2. **千万残疾人康复工程**:开展白内障患者复明救治、精神病防治康复等国家重点康复工程,帮助1300万残疾人得到不同程度的康复。适配500万件辅助器具。

3. **阳光助学计划**:为贫困残疾儿童提供学前康复教育资助。

4. **百万残疾人就业工程**:扶持城镇新就业残疾人100万名。

5. **阳光助残扶贫基地建设工程**:扶持创建农村残疾人扶贫基地,带动农村贫困残疾人家庭发展生产、增加收入。

6. **阳光家园计划**:对残疾人托养服务提供200万人次补助。

7. **阳光安居工程**:继续使用彩票公益金支持中西部地区农村贫困残疾人家庭危房改造;有条件的地方要对贫困残疾人家庭无障碍改造给予补助。

8. **残疾人文化建设工程**:在城乡社区实施"残疾人文化进社区"项目。支持中西部地区设区市、县两级公共图书馆盲人阅览室建设和省、市两级电视台开办手语节目。扶持特殊艺术人才培养基地。

9. **残疾人自强健身工程**:建设一批残疾人群众体育活动示范点,为基层残疾人体育活动场所、残疾人综合服务设施配置器材器械,推广适合残疾人的体育健身项目。

10. **志愿助残阳光行动**:开展志愿助残阳光行动,注册助残志愿者达到1000万人,受助残疾人达到1.5亿人次。

（十二）残疾人组织和工作队伍建设

主要任务：

——完善残疾人组织体系，履行"代表、服务、管理"职能。

——加强基层残疾人组织建设和社区残疾人工作，提高为残疾人服务的能力。

——建设高素质的残疾人工作专职、专业和志愿者队伍。

——充分发挥残疾人专门协会作用。

政策措施：

1. 进一步加强残联组织建设，完善各级残联机构设置，配备适应工作需要的人员编制。加强与残疾人的血肉联系，切实履行职能；掌握残疾人社会保障和服务的基本情况和基础数据，积极向政府反映残疾人的特殊困难和需求；协助政府做好有关政策、法规、规划的制定和行业管理工作。做好第二代残疾人证发放管理工作。

2. 按照《关于进一步加强和规范基层残疾人组织建设的意见》的要求，在规划城乡基层组织建设的过程中，对基层残疾人组织给予积极指导和支持，进一步推进基层残疾人组织规范化建设。建立健全乡镇（街道）、村（社区）残疾人组织，除分类指导地区外，城乡基层残疾人组织实现全覆盖。加大基层残疾人组织的工作经费投入。着力培育基层残疾人工作者和残疾人专职委员队伍。加强残疾人专职委员培训，改善工作条件，妥善解决好其待遇问题，为基层残疾人工作提供组织和人才保障。

3. 将残疾人社会保障和服务纳入城乡社区建设规划和内容。社区建设协调领导机构要吸收同级残联为成员，城乡社区居民委员会要充分发挥残疾人协会和残疾人专职委员的作用，整合社区资源开展残疾人康复、社保经办、就业服务、日间照料、文化体育、法律服务、无障碍等工作。

4. 县级以上残联全部建立残疾人专门协会，省、设区的市残联建立残疾人专门协会活动场所，进一步加强专门协会规范化建设，活跃专门协会工作，切实发挥"代表、服务、维权"职能。加强对残疾人社会组织的联系、指导和支持。

5. 加强残联干部队伍建设，将残联干部队伍建设纳入干部队伍和人才队伍建设整体规划，加大培养、使用和交流力度。选好配强各级残联领导班子。做好残疾人干部的选拔、培养和使用工作，省级残联配备盲人、聋人专职理事，逐步配备智力、精神残疾人亲属理事。建立完善残疾人人才库。深入开展残疾人工作者"人道、廉洁、服务、奉献"的职业道德教育，加大设区的市、县级残联干部培训力度。进一步发挥各级残联代表大会代表作用。

6. 制定并实施《中国残疾人事业中长期人才发展规划纲要（2011－2020年）》。加快培养残疾人社会保障和服务等专业人才队伍。建立完善人才保障和激励机制，按照国家有关规定落实对为残疾人服务工作人员的工资待遇倾斜政策。

7. 将志愿助残工作纳入国家志愿服务总体规划，开展"志愿助残阳光行动"。建立健全助残志愿者招募注册、服务对接、评价激励、权益维护等机制，促进志愿助残服务的专业化、常态化和长效化。助残志愿者注册人数达到1000万。

8. 大力弘扬自强不息精神，鼓励和帮助残疾人参与社会生活，充分发挥残疾人在残疾人事业中的作用。广泛开展自强活动，培育、发现自强典型。召开第五次全国"自强与助残"表彰大会。

（十三）科技、信息化和基础设施建设

主要任务：

——加强残疾人事业领域的科技创新和成果应用及信息化建设工作，提高残疾人事业的信息化管理水平，为残疾人社会保障体系和服务体系提供技术支撑。

——加强残疾人事业基础设施建设，完善布局，改善条件，增强服务能力。

政策措施：

1. 建设残疾人人口综合数据管理系统，实现与社会保障和公共服务管理信息平台的数据交换和资源共享，为残疾人享有社会保障和服务提供身份认证和基础信息，为残疾人事业发展提供客观真实的基础数据。建设全国统一的中国残疾人服务网，开展个性化、多形式的网上便民、惠民服

务。继续加强中国残联和地方残联网站资源和无障碍建设，加大政务信息公开力度。建立和完善残联系统信息化标准体系。加强信息化机构、队伍建设和基层信息专业技术人才培养。

2. 国家科技支撑计划、自然科学基金、社会科学基金等支持、推动残疾人事业领域的科技创新、政策理论研究和科技应用。发挥中国残疾人信息和无障碍技术研究中心作用，加快"中国残疾人信息无障碍关键技术支撑体系及示范应用"研究成果的转化与应用。继续实施"科技助残行动计划"。开展残疾人康复服务平台研发及应用示范等研究。鼓励和支持高等院校、科研机构和企事业单位研究残疾鉴定、康复、特殊教育、职业技能鉴定、辅助器具等领域的标准和技术。培育一批以科技为先导的为残疾人服务的产业品牌和企业。

3. 加强对残疾人服务设施的统筹规划，将残疾人康复、教育、就业、福利、托养、文化体育、综合服务等专业服务设施建设纳入城乡公益性建设项目，在立项、规划和建设用地等方面优先安排，加大投入，重点扶持，使残疾人服务设施布局合理、条件改善、服务能力增强。实施残疾人综合服务设施建设标准，继续完善残疾人综合服务设施建设。应建未建地区要建设符合要求的残疾人综合服务设施；无障碍设施不规范的残疾人综合服务设施应进行改造；建设规模不达标的残疾人综合服务设施应进行扩建。中央对中西部困难地区的残疾人综合服务设施建设继续给予适当补助。

（十四）统计、监测和政策研究

主要任务：

——加强统计和监测，掌握残疾人基本状况和基础数据，及时跟踪残疾人事业有关工作的进展情况和取得的成效。

——加强残疾人社会保障和服务理论与实践研究，完善管理运行制度和服务标准。

政策措施：

1. 完善残疾人社会保障体系和服务体系统计指标，制定统计数据标准。加强基层业务台账工作，推行统计电子化和网络化管理应用。开展残疾人事业统计季报工作，提高统计数据的准确性和实效性。加强对各类统计数据资源的综合分析，发布残疾人事业年度统计公报。推进残疾人事业相关统计指标纳入社会保障和公共服务统计指标体系。加强统计队伍建设，定期做好培训、检查、监督、管理工作。

2. 做好残疾人状况监测工作，稳定工作队伍，落实保障条件，提高数据质量，加强分析利用。筹备第三次全国残疾人抽样调查，推进残疾人抽样调查的制度化、规范化。

3. 加强有关学科建设，充分发挥高校和研究机构残疾人事业研究基地的学术优势，办好残疾人事业发展研究会，进一步加强残疾人事业的理论与实践研究。重点开展残疾人公民权利、人道主义思想等基础性研究和残疾人社会福利、劳动权益保护、残疾人服务业、残疾人服务提供模式、服务机构运行管理、服务质量标准与监管、无障碍等方面政策研究。编写出版残疾人社会保障和服务研究、培训系列丛书。

（十五）社会环境和残疾人慈善事业

主要任务：

——进一步弘扬人道主义思想，广泛宣传"平等、参与、共享"的现代文明社会残疾人观，为残疾人社会保障体系和服务体系建设营造良好社会环境。

——发挥残疾人社会服务组织作用，大力发展残疾人慈善事业，建立社会力量参与残疾人社会保障和服务的有效机制。

政策措施：

1. 宣传、文化、广播影视、新闻出版等部门和单位采取有效措施，进一步支持残疾人事业。新闻媒体要加大残疾人事业宣传力度，广泛宣传党和政府扶残助残优惠政策措施、社会各界的助残善举和残疾人的自强精神，加强网络等新媒体宣传。中央、省、设区的市广播电台要积极创造条件开设残疾人专题节目、电视台要积极创造条件开办手语栏目。对困难地区广播电台开设残疾人专题节目、电视台开设手语栏目给予扶持。继续推进影视剧和电视节目加配字幕。组织好全国残疾人事业好新闻作品评选和各地人民广播电台残疾人专题节目展播活动。组织好全国助残日、国际残疾人日等主题宣传活动。继续开展"手拉手红领巾助残"等活动。

2. 通过用地保障、信贷支持和政府采购等形式，鼓励民间资本参与发展残疾人社会福利事业，兴办残疾人康复、托养服务等各类社会福利机构。采取公办民营、民办公助、政府购买服务等多种形式，通过资金、场地、人才等扶持措施鼓励各类社会组织、企事业单位和个人参与发展残疾人服务业。改进和完善对残疾人社会服务组织资助办法，建立服务质量标准和监管制度，有条件的地方可以试点竞争性投标，确保服务的效率和质量。加强残疾人服务业规划和行业管理。

3. 大力发展残疾人慈善事业。残疾人福利基金会要积极为残疾人事业筹集善款，开展爱心捐助活动。发展中国狮子联会。实施好"集善工程"、"长江新里程计划"等残疾人慈善品牌项目。红十字会、慈善会等社会组织要积极开展残疾人慈善项目，鼓励社会单位和个人增强慈善意识，为残疾人事业发展贡献力量。

（十六）国际交流与合作

做好《残疾人权利公约》履约工作，建立健全国家履约机制，促进残疾人事业发展和残疾人权益保障。积极参与国际残疾人事务，加强对外宣传，展示我国残疾人人权保障和社会发展的成就。

加强与联合国有关机构、各国政府、国际残疾人组织、各国残疾人组织和民间机构的交流与合作，拓展国际交流领域，提高国际合作水平，增进与各国残疾人之间的相互了解和友谊，借鉴国外残疾人事务的有益经验和做法，促进我国残疾人事业的发展。

专栏三:"十二五"主要能力建设项目

1. **残疾人综合服务设施新建、扩建、改造**:扶持应建未建设施新建,建设规模未达标的设施扩建,进行无障碍设施改造。

2. **专业康复机构建设**:建设一批专业化的省、市级骨干残疾人康复机构。

3. **示范性社区康复站建设**:建设一批示范性社区康复站。

4. **专业托养服务机构建设**:建设一批专业化的市、县级骨干残疾人托养服务机构。

5. **特殊教育机构建设**:推进中西部特殊教育学校建设;建设一批中高等残疾人职业教育示范校;建立一批高等院校残疾人学生实习训练基地。

6. **就业服务能力建设**:支持省级和各省会城市、计划单列市残疾人就业服务机构规范化建设。

7. **残疾人人口综合数据管理系统建设**:建设覆盖3000万残疾人口的综合数据管理系统,与社会保障和公共服务管理信息平台实现数据交换和资源共享。

8. **科技助残行动计划**:开展残疾人康复服务平台研发及应用示范等科技助残项目。

9. **残疾预防综合信息网络平台和数据库建设**:整合各部门数据资源,对主要致残因素进行监测和分析,为残疾预防工作提供科学依据。

10. **残疾人事业专业人才培养**:加快培养残疾人康复、特殊教育、就业服务、托养服务、体育健身、维权等专业人员和残联专职工作人员、基层残疾人专职委员队伍。

四、纲要的实施、监测和绩效评估

残疾人事业是中国特色社会主义事业的重要组成部分。残疾人工作是保障和改善民生的重点。实施好《中国残疾人事业"十二五"发展纲要》是各级政府和全社会义不容辞的责任。

各地区要依据本纲要制定当地残疾人事业"十二五"发展纲要,各部门要制定配套实施方案,各地区、各部门要将本纲要的主要任务指标纳入当地国民经济和社会发展总体规划、民生工程及部门规划,统一部署、统筹安排、同步实施。要综合运用各种财税支持手段,积极引导社会力量投入,形成多渠道、全方位的资金投入格局,建立投入稳定增长的残疾人事业发展经费保障长效机制,确保纲要规定的各项任务落到实处。

各级政府残疾人工作委员会及相关部门要根据纲要执行评估指标体系开展年度监测评估和跟踪问效,及时发现和解决执行中的问题。各部门每年要向同级政府残疾人工作委员会报告纲要执行情况。各级政府残疾人工作委员会在"十二五"中期和期末对纲要实施情况进行考核、绩效评估和信息公开。

专栏四：残疾人事业"十二五"发展纲要执行评估指标体系

	监测指标	单位	权重	目标值
社会保障	1. 贫困残疾人生活补助比例	%	4	≥50
	2. 重度残疾人护理补贴比例	%	4	≥30
	3. 城镇残疾人参加基本养老保险比例	%	6	≥80
	4. 城镇残疾人参加基本医疗保险比例	%	6	≥90
	5. 农村残疾人参加新农合比例	%	6	≥98
	6. 农村残疾人参加新农保比例（试点地区）	%	6	≥85
	7. 农村残疾人生活救助和扶贫开发人数	万人	4	≥1000
公共服务	1. 重点康复工程服务人数	万人	5	≥1300
	2. 康复服务比例	%	4	≥80
	3. 学龄残疾儿童少年接受义务教育比例	%	5	≥90
	4. 城镇新增残疾人就业人数	万人	5	≥100
	5. 农村残疾人实用技术培训人数	万人	5	≥100
	6. 残疾人接受托养服务人数	万人(次)	4	≥200
	7. 社区服务比例	%	4	≥70
	8. 社区活动参与率	%	4	≥65
生活水平	1. 城镇残疾人家庭人均可支配收入	元	7	≥13700
	2. 农村残疾人家庭人均纯收入	元	7	≥6900
	3. 城镇残疾人家庭恩格尔系数	%	5	≤42
	4. 农村残疾人家庭恩格尔系数	%	5	≤44
	5. 百户残疾人家庭彩色电视机拥有量	台	4	≥90

无障碍建设"十二五"实施方案

一、背　景

——无障碍建设的政策、法律法规、标准体系初步建立。《中共中央国务院关于促进残疾人事业发展的意见》和修订后的《中华人民共和国残疾人保障法》，丰富和强化了无障碍建设的内容，有关部门启动制定"无障碍环境建设条例"。住房城乡建设部再次启动修订《城市道路和建筑物无障碍设计规范》，铁道部制定实施《铁路旅客车站无障碍设计规范》，中国民航局制订《残疾人航空运输办法》、修订《民用机场旅客航站区无障碍设施设备配置标准》，工业和信息化部制定相关信息交流无障碍技术、产品标准。

——城市无障碍化格局基本形成。住房和城乡建设部、民政部、中国残联、全国老龄办在100个城市开展了"十一五"创建全国无障碍建设城市工作，探索形成我国城市无障碍建设工作模式。我国城市无障碍环境建设水平显著提高，残疾人、老年人和全体社会成员参与社会生活的环境更加便利，全社会无障碍意识得到增强。

——无障碍建设存在的困难和问题。我国无障碍环境建设起步较晚，已建建筑物和道路无障碍改造难度较大，残疾人家庭无障碍改造滞后，城市无障碍建设还存在不平衡、不系统、不规范的现象，信息无障碍交流服务基础薄弱。为进一步推进无障碍建设，依据《中国残疾人事业"十二五"发展纲要》，制定本方案。

二、任务目标

——全面推进无障碍建设。加快推进城市无障碍建设和改造，将无障碍建设纳入社会主义新农村和城镇化建设内容，民航、铁路、交通、教育等行业无障碍建设进一步加强，加快信息交流无障碍建设，全社会无障碍意识进一步增强。

——深入开展无障碍建设市、县创建工作。进一步提高无障碍建设质量，全国城市无障碍化程度显著提高。

——积极推进小城镇、农村无障碍建设。提高小城镇、农村无障碍化水平，缩小城乡无障碍建设差距。

——为8万户残疾人家庭实施无障碍改造。对城乡贫困残疾人家庭提供改造补助；全面完成残疾人综合服务设施无障碍改造。

三、主要措施

（一）加强无障碍建设工作的领导。

各地要将无障碍建设纳入经济社会发展规划，切实采取措施，加强领导，推广无障碍通用设计理念，努力营造全社会关心、支持、参与无障碍环境建设的良好氛围。

（二）制定实施"无障碍环境建设条例"，依法开展无障碍建设。

——加快制定出台"无障碍环境建设条例"，为无障碍环境建设提供法律保障。开展"无障碍环境建设条例"的宣传和实施情况监督检查。

——各地应依据条例制定、修订无障碍建设管理规定和"十二五"无障碍建设规划，与条例相衔接，并促进实施。

（三）健全无障碍建设工作机制。

——市（地）级以上地方建立政府统一领导、相关部门参加的无障碍建设组织协调机构，建立、完善相关工作机制。

——积极引导社会力量参与无障碍建设，进一步加强对无障碍建设的社会监督。

（四）完善无障碍建设标准体系。

修订《城市道路和建筑物无障碍设计规范》，制定城市公共交通无障碍设施设备技术标准，制定残疾人家庭、公共交通工具、信息交流等无障碍建设相关标准规范，完善无障碍建设标准体系，为无障碍建设提供技术支持。

（五）开展无障碍建设市、县创建工作。

继续巩固"十一五"创建全国无障碍建设城市工作的成果，住房和城乡建设部、民政部、中国残联、全国老龄办等有关部门完善全国无障碍建设城市工作协调领导机制，组织有关部门、专家完善实施全国无障碍建设市、县创建工作标准,组织指导地方开展创建全国无障碍建设市、县工作,全面推进我国城市无障碍化建设。

(六)推进农村、小城镇无障碍建设。

按照中央"推进城乡经济社会发展一体化,搞好社会主义新农村建设规划,加强农村基础设施建设","科学制定城镇化发展规划,促进城镇化健康发展"的要求,将无障碍建设纳入社会主义新农村和城镇化建设的内容,与小城镇、公共服务设施同时规划、同时设计、同时施工、同时验收,从源头上把好关,避免造成新的历史欠账。

(七)加大无障碍建设与改造力度。

——根据国家有关法律法规的规定,新建、改建、扩建道路、公共建筑、公共交通设施、居住建筑、居住区等,必须按照国家工程建设无障碍规范的要求建设无障碍设施,提高无障碍设施系统化、规范化和质量。

——制定计划,提高改造比例,提供资金保障,加快推进既有道路、建筑物、居住小区、园林绿地特别是与人民群众日常生活密切相关的已建设施无障碍改造。

——航空、铁路及城市公共交通要加大无障碍建设和改造力度,公共交通工具要完善无障碍设备配置,公共停车区设置残疾人停车泊位。

——加强对无障碍设施的管理,确保无障碍设施发挥功能。

(八)加快残疾人综合服务设施无障碍建设和改造。

新建残疾人综合服务设施和养老服务机构要全部符合无障碍要求,加快推进对既有残疾人综合服务设施进行无障碍改造,"十二五"期间对不符合无障碍规范的残疾人综合服务设施要改造完毕,对社会发挥示范带动作用。

(九)进行残疾人家庭无障碍改造。

推广"十一五"残疾人家庭无障碍改造经验,为全国8万户城乡贫困残疾人家庭实施无障碍改造提供补助,地方应多渠道筹措资金,加大残疾人家庭无障碍改造工作力度。切实改善和消除残疾人家庭生活障碍,维护残疾人权益,提高残疾人生活品质,使残疾人更有尊严地生活,促进残疾人全面小康实现。

(十)加强信息交流无障碍建设。

推动各级政府和有关部门采取无障碍方式发布政务信息。推动市级电视台在电视节目中加配字幕或开办手语节目。推动在重点公共服务行业、公共场所、公共交通工具建立语音提示和信息屏幕系统。试点建立方便听力、言语残疾人使用的紧急呼叫与显示系统。推动互联网网站实行无障碍设计。研发推广信息交流无障碍技术、产品、服务。推进药品和食品说明的信息无障碍，图书和声像资源数字化建设实现信息无障碍。推进聋人手机短信服务平台建设。

（十一）开展无障碍建设技术咨询、人员培训、宣传。

——组织高等院校、科研机构开展无障碍建设研究，培养专门人才。

——制定计划，"十二五"完成对县级以上有关规划、设计、建设、管理人员和残联相关工作人员的无障碍知识培训，增强执行规范和开展无障碍监督的自觉性和能力。

——多种形式开展无障碍建设的宣传，进一步普及无障碍知识，提高无障碍意识，营造全社会关心、支持、参与无障碍建设的良好氛围。

四、检查评估

——住房和城乡建设部、民政部、中国残联、全国老龄办等有关部门依据本方案，于2013年，进行中期检查。

——2015年对本方案实施情况进行全面总结验收。表彰无障碍建设先进市、县。

——根据国家有关规定，每两年对创建无障碍建设城市、县进行评比表彰。

关于加快推进残疾人社会保障体系和服务体系建设的指导意见（节选）

2010年3月10日国办发〔2010〕19号文

（六）加快推进无障碍建设，方便残疾人生活。加强无障碍设施建设和管理，提高无障碍设施建设质量。住房城乡建设部门修订完善无障碍相关标准、规范，加快推进城市道路、公共建筑、居住建筑、居住区、公园绿地无障碍设施建设和改造。教育、民政、铁道、交通运输、残联等部门制定完善特殊教育学校、福利机构、残疾人综合服务设施、铁路旅客车站、码头、城市交通设施、民用机场旅客航站区等行业无障碍标准并监督实施。公共交通逐步完善无障碍设备。

推进信息和交流无障碍建设，提高全社会无障碍意识。有关部门要将信息交流无障碍纳入信息化建设规划，制定信息无障碍技术标准，推进互联网和手机、电脑等信息无障碍实用技术和产品研发。政府政务信息公开要采取信息无障碍措施，公共服务机构要提供语音、文字提示、盲文、手语等无障碍服务。图书和声像资源数字化建设要实现信息无障碍。

第四编

相关国际文献

残疾人权利公约

2006年12月13日第61届联合国大会通过
2007年3月30日开放签署
2007年3月30日中国签署

序　言

本公约缔约国

（一）回顾《联合国宪章》宣告的各项原则确认人类大家庭所有成员的固有尊严和价值以及平等和不可剥夺的权利，是世界自由、正义与和平的基础。

（二）确认联合国在《世界人权宣言》和国际人权公约中宣告并认定人人有权享有这些文书所载的一切权利和自由，不得有任何区别。

（三）重申一切人权和基本自由都是普遍、不可分割、相互依存和相互关联的，必须保障残疾人不受歧视地充分享有这些权利和自由。

（四）回顾《经济、社会、文化权利国际公约》、《公民及政治权利国际公约》、《消除一切形式种族歧视国际公约》、《消除对妇女一切形式歧视公约》、《禁止酷刑和其他残忍、不人道或有辱人格的待遇或处罚公约》、《儿童权利公约》和《保护所有移徙工人及其家庭成员权利国际公约》。

（五）确认残疾是一个演变中的概念，残疾是伤残者和阻碍他们在与其他人平等的基础上充分和切实地参与社会的各种态度和环境障碍相互作用所产生的结果。

（六）确认《关于残疾人的世界行动纲领》和《残疾人机会均等标准规则》所载原则和政策导则在影响国家、区域和国际各级推行、制定和评价进一步增加残疾人均等机会的政策、计划、方案和行动方面的重要性。

（七）强调必须使残疾问题成为相关可持续发展战略的重要组成部分。

（八）又确认因残疾而歧视任何人是对人的固有尊严和价值的侵犯。

（九）还确认残疾人的多样性。

（十）确认必须促进和保护所有残疾人的人权，包括需要加强支助的残疾人的人权。

（十一）关注尽管有上述各项文书和承诺，残疾人作为平等社会成员参与方面继续面临各种障碍，残疾人的人权在世界各地继续受到侵犯。

（十二）确认国际合作对改善各国残疾人，尤其是发展中国家残疾人的生活条件至关重要。

（十三）确认残疾人对其社区的全面福祉和多样性作出的和可能作出的宝贵贡献，并确认促进残疾人充分享有其人权和基本自由以及促进残疾人充分参与，将增强其归属感，大大推进整个社会的人的发展和社会经济发展以及除贫工作。

（十四）确认个人的自主和自立，包括自由作出自己的选择，对残疾人至关重要。

（十五）认为残疾人应有机会积极参与政策和方案的决策过程，包括与残疾人直接有关的政策和方案的决策过程。

（十六）关注因种族、肤色、性别、语言、宗教、政治或其他见解、民族本源、族裔、土著身份或社会出身、财产、出生、年龄或其他身份而受到多重或加重形式歧视的残疾人所面临的困难处境。

（十七）确认残疾妇女和残疾女孩在家庭内外往往面临更大的风险，更易遭受暴力、伤害或凌虐、忽视或疏忽、虐待或剥削。

（十八）确认残疾儿童应在与其他儿童平等的基础上充分享有一切人权和基本自由，并回顾《儿童权利公约》缔约国为此目的承担的义务。

（十九）强调必须将两性平等观点纳入促进残疾人充分享有人权和基本自由的一切努力之中。

（二十）着重指出大多数残疾人生活贫困，确认在这方面亟需消除贫穷对残疾人的不利影响。

（二十一）铭记在恪守《联合国宪章》宗旨和原则并遵守适用的人权文书的基础上实现和平与安全，是充分保护残疾人，特别是在武装冲突和外国占领期间充分保护残疾人的必要条件。

（二十二）确认无障碍的物质、社会、经济和文化环境、医疗卫生和教育以及信息和交流，对残疾人能够充分享有一切人权和基本自由至关重要。

（二十三）认识到个人对他人和对本人所属社区负有义务，有责任努力促进和遵守《国际人权宪章》确认的权利。

（二十四）深信家庭是自然和基本的社会组合单元，有权获得社会和国家的保护，残疾人及其家庭成员应获得必要的保护和援助，使家庭能够为残疾人充分和平等地享有其权利作出贡献。

（二十五）深信一项促进和保护残疾人权利和尊严的全面综合国际公约将大有助于在发展中国家和发达国家改变残疾人在社会上的严重不利处境，促使残疾人有平等机会参与公民、政治、经济、社会和文化生活。

议定如下：

第一条　宗　旨

本公约的宗旨是促进、保护和确保所有残疾人充分和平等地享有一切人权和基本自由，并促进对残疾人固有尊严的尊重。

残疾人包括肢体、精神、智力或感官有长期损伤的人，这些损伤与各种障碍相互作用，可能阻碍残疾人在与他人平等的基础上充分和切实地参与社会。

第二条　定　义

为本公约的目的：

"交流"包括语言、字幕、盲文、触觉交流、大字本、无障碍多媒体以及书面语言、听力语言、浅白语言、朗读员和其他辅助或替代性交流方式、手段和模式，包括无障碍信息和通信技术；

"语言"包括口语和手语及其他形式的非语音语言；

"基于残疾的歧视"是指基于残疾而作出的任何区别、排斥或限制，其目的或效果是在政治、经济、社会、文化、公民或任何其他领域，损害或取消在与其他人平等的基础上，对一切人权和基本自由的认可、享有或行使。基于残疾的歧视包括一切形式的歧视，包括拒绝提供合理便利；

"合理便利"是指根据具体需要，在不造成过度或不当负担的情况下，进行必要和适当的修改和调整，以确保残疾人在与其他人平等的基础上享有或行使一切人权和基本自由；

"通用设计"是指尽最大可能让所有人可以使用，无需作出调整或特别设计的产品、环境、方案和服务设计。"通用设计"不排除在必要时为某些残疾人群体提供辅助用具。

第三条　一般原则

本公约的原则是：

（一）尊重固有尊严和个人自主，包括自由作出自己的选择，以及个人的自立；

（二）不歧视；

（三）充分和切实地参与和融入社会；

（四）尊重差异，接受残疾人是人的多样性的一部分和人类的一份子；

（五）机会均等；

（六）无障碍；

（七）男女平等；

（八）尊重残疾儿童逐渐发展的能力并尊重残疾儿童保持其身份特性的权利。

第四条　一般义务

一、缔约国承诺确保并促进充分实现所有残疾人的一切人权和基本自由，使其不受任何基于残疾的歧视。为此目的，缔约国承诺：

（一）采取一切适当的立法、行政和其他措施实施本公约确认的权利；

（二）采取一切适当措施，包括立法，以修订或废止构成歧视残疾人的现行法律、法规、习惯和做法；

（三）在一切政策和方案中考虑保护和促进残疾人的人权；

（四）不实施任何与本公约不符的行为或做法，确保公共当局和机构遵循本公约的规定行事；

（五）采取一切适当措施，消除任何个人、组织或私营企业基于残疾的歧视；

（六）从事或促进研究和开发本公约第二条所界定的通用设计的货物、服务、设备和设施，以便仅需尽可能小的调整和最低的费用即可满足残疾人的具体需要，促进这些货物、服务、设备和设施的提供和使用，并在拟订标准和导则方面提倡通用设计；

（七）从事或促进研究和开发适合残疾人的新技术，并促进提供和使用这些新技术，包括信息和通信技术、助行器具、用品、辅助技术，优先考虑价格低廉的技术；

（八）向残疾人提供无障碍信息，介绍助行器具、用品和辅助技术，包括新技术，并介绍其他形式的协助、支助服务和设施；

（九）促进培训协助残疾人的专业人员和工作人员，使他们了解本公约确认的权利，以便更好地提供这些权利所保障的协助和服务。

二、关于经济、社会和文化权利，各缔约国承诺尽量利用现有资源并于必要时在国际合作框架内采取措施，以期逐步充分实现这些权利，但不妨碍本公约中依国际法立即适用的义务。

三、缔约国应当在为实施本公约而拟订和施行立法和政策时以及在涉及残疾人问题的其他决策过程中，通过代表残疾人的组织，与残疾人，包括残疾儿童，密切协商，使他们积极参与。

四、本公约的规定不影响任何缔约国法律或对该缔约国生效的国际法中任何更有利于实现残疾人权利的规定。对于根据法律、公约、法规或习惯而在本公约任何缔约国内获得承认或存在的任何人权和基本自由，不得以本公约未予承认或未予充分承认这些权利或自由为借口而加以限制或减损。

五、本公约的规定应当无任何限制或例外地适用于联邦制国家各组成部分。

第五条　平等和不歧视

一、缔约国确认,在法律面前,人人平等,有权不受任何歧视地享有法律给予的平等保护和平等权益。

二、缔约国应当禁止一切基于残疾的歧视,保证残疾人获得平等和有效的法律保护,使其不受基于任何原因的歧视。

三、为促进平等和消除歧视,缔约国应当采取一切适当步骤,确保提供合理便利。

四、为加速或实现残疾人事实上的平等而必须采取的具体措施,不得视为本公约所指的歧视。

第六条　残疾妇女

一、缔约国确认残疾妇女和残疾女孩受到多重歧视,在这方面,应当采取措施,确保她们充分和平等地享有一切人权和基本自由。

二、缔约国应当采取一切适当措施,确保妇女充分发展,地位得到提高,能力得到增强,目的是保证妇女能行使和享有本公约所规定的人权和基本自由。

第七条　残疾儿童

一、缔约国应当采取一切必要措施,确保残疾儿童在与其他儿童平等的基础上,充分享有一切人权和基本自由。

二、在一切关于残疾儿童的行动中,应当以儿童的最佳利益为一项首要考虑。

三、缔约国应当确保,残疾儿童有权在与其他儿童平等的基础上,就一切影响本人的事项自由表达意见,并获得适合其残疾状况和年龄的辅助手段以实现这项权利,残疾儿童的意见应当按其年龄和成熟程度适当予以考虑。

第八条 提高认识

一、缔约国承诺立即采取有效和适当的措施,以便:

(一)提高整个社会,包括家庭,对残疾人的认识,促进对残疾人权利和尊严的尊重;

(二)在生活的各个方面消除对残疾人的定见、偏见和有害做法,包括基于性别和年龄的定见、偏见和有害做法;

(三)提高对残疾人的能力和贡献的认识。

二、为此目的采取的措施包括:

(一)发起和持续进行有效的宣传运动,提高公众认识,以便:

1. 培养接受残疾人权利的态度;

2. 促进积极看待残疾人,提高社会对残疾人的了解;

3. 促进承认残疾人的技能、才华和能力以及他们对工作场所和劳动力市场的贡献;

(二)在各级教育系统中培养尊重残疾人权利的态度,包括从小在所有儿童中培养这种态度;

(三)鼓励所有媒体机构以符合本公约宗旨的方式报道残疾人;

(四)推行了解残疾人和残疾人权利的培训方案。

第九条 无障碍

一、为了使残疾人能够独立生活和充分参与生活的各个方面,缔约国应当采取适当措施,确保残疾人在与其他人平等的基础上,无障碍地进出物质环境,使用交通工具,利用信息和通信,包括信息和通信技术和系统,以及享用在城市和农村地区向公众开放或提供的其他设施和服务。这些措施应当包括查明和消除阻碍实现无障碍环境的因素,并除其他外,应当适用于:

(一)建筑、道路、交通和其他室内外设施,包括学校、住房、医疗设施和工作场所;

（二）信息、通信和其他服务，包括电子服务和应急服务。

二、缔约国还应当采取适当措施，以便：

（一）拟订和公布无障碍使用向公众开放或提供的设施和服务的最低标准和导则，并监测其实施情况；

（二）确保向公众开放或为公众提供设施和服务的私营实体在各个方面考虑为残疾人创造无障碍环境；

（三）就残疾人面临的无障碍问题向各有关方面提供培训；

（四）在向公众开放的建筑和其他设施中提供盲文标志及易读易懂的标志；

（五）提供各种形式的现场协助和中介，包括提供向导、朗读员和专业手语译员，以利向公众开放的建筑和其他设施的无障碍；

（六）促进向残疾人提供其他适当形式的协助和支助，以确保残疾人获得信息；

（七）促使残疾人有机会使用新的信息和通信技术和系统，包括因特网；

（八）促进在早期阶段设计、开发、生产、推行无障碍信息和通信技术和系统，以便能以最低成本使这些技术和系统无障碍。

第十条　生命权

缔约国重申人人享有固有的生命权，并应当采取一切必要措施，确保残疾人在与其他人平等的基础上切实享有这一权利。

第十一条　危难情况和人道主义紧急情况

缔约国应当依照国际法包括国际人道主义法和国际人权法规定的义务，采取一切必要措施，确保在危难情况下，包括在发生武装冲突、人道主义紧急情况和自然灾害时，残疾人获得保护和安全。

第十二条 在法律面前获得平等承认

一、缔约国重申残疾人享有在法律面前的人格在任何地方均获得承认的权利。

二、缔约国应当确认残疾人在生活的各方面在与其他人平等的基础上享有法律权利能力。

三、缔约国应当采取适当措施，便利残疾人获得他们在行使其法律权利能力时可能需要的协助。

四、缔约国应当确保，与行使法律权利能力有关的一切措施，均依照国际人权法提供适当和有效的防止滥用保障。这些保障应当确保与行使法律权利能力有关的措施尊重本人的权利、意愿和选择，无利益冲突和不当影响，适应本人情况，适用时间尽可能短，并定期由一个有资格、独立、公正的当局或司法机构复核。提供的保障应当与这些措施影响个人权益的程度相称。

五、在符合本条的规定的情况下，缔约国应当采取一切适当和有效的措施，确保残疾人享有平等权利拥有或继承财产，掌管自己的财务，有平等机会获得银行贷款、抵押贷款和其他形式的金融信贷，并应当确保残疾人的财产不被任意剥夺。

第十三条 获得司法保护

一、缔约国应当确保残疾人在与其他人平等的基础上有效获得司法保护，包括通过提供程序便利和适龄措施，以便利他们在所有法律诉讼程序中，包括在调查和其他初步阶段中，切实发挥其作为直接和间接参与方，包括其作为证人的作用。

二、为了协助确保残疾人有效获得司法保护，缔约国应当促进对司法领域工作人员，包括警察和监狱工作人员进行适当的培训。

第十四条　自由和人身安全

一、缔约国应当确保残疾人在与其他人平等的基础上：

（一）享有自由和人身安全的权利；

（二）不被非法或任意剥夺自由，任何对自由的剥夺均须符合法律规定，而且在任何情况下均不得以残疾作为剥夺自由的理由。

二、缔约国应当确保，在任何程序中被剥夺自由的残疾人，在与其他人平等的基础上，有权获得国际人权法规定的保障，并应当享有符合本公约宗旨和原则的待遇，包括提供合理便利的待遇。

第十五条　免于酷刑或残忍、不人道或有辱人格的待遇或处罚

一、不得对任何人实施酷刑或残忍、不人道或有辱人格的待遇或处罚。特别是不得在未经本人自由同意的情况下，对任何人进行医学或科学试验。

二、缔约国应当采取一切有效的立法、行政、司法或其他措施，在与其他人平等的基础上，防止残疾人遭受酷刑或残忍、不人道或有辱人格的待遇或处罚。

第十六条　免于剥削、暴力和凌虐

一、缔约国应当采取一切适当的立法、行政、社会、教育和其他措施，保护残疾人在家庭内外免遭一切形式的剥削、暴力和凌虐，包括基于性别的剥削、暴力和凌虐。

二、缔约国还应当采取一切适当措施防止一切形式的剥削、暴力和凌虐，除其他外，确保向残疾人及其家属和照护人提供考虑到性别和年龄的适当协助和支助，包括提供信息和教育，说明如何避免、识别和报告剥削、暴力和凌虐事件。缔约国应当确保保护服务考虑到年龄、性别和残疾

因素。

三、为了防止发生任何形式的剥削、暴力和凌虐，缔约国应当确保所有用于为残疾人服务的设施和方案受到独立当局的有效监测。

四、残疾人受到任何形式的剥削、暴力或凌虐时，缔约国应当采取一切适当措施，包括提供保护服务，促进被害人的身体、认知功能和心理的恢复、康复及回归社会。上述恢复措施和回归社会措施应当在有利于本人的健康、福祉、自尊、尊严和自主的环境中进行，并应当考虑到因性别和年龄而异的具体需要。

五、缔约国应当制定有效的立法和政策，包括以妇女和儿童为重点的立法和政策，确保查明、调查和酌情起诉对残疾人的剥削、暴力和凌虐事件。

第十七条　保护人身完整性

每个残疾人的身心完整性有权在与其他人平等的基础上获得尊重。

第十八条　迁徙自由和国籍

一、缔约国应当确认残疾人在与其他人平等的基础上有权自由迁徙、自由选择居所和享有国籍，包括确保残疾人：

（一）有权获得和变更国籍，国籍不被任意剥夺或因残疾而被剥夺；

（二）不因残疾而被剥夺获得、拥有和使用国籍证件或其他身份证件的能力，或利用相关程序，如移民程序的能力，这些能力可能是便利行使迁徙自由权所必要的；

（三）可以自由离开任何国家，包括本国在内；

（四）不被任意剥夺或因残疾而被剥夺进入本国的权利。

二、残疾儿童出生后应当立即予以登记，从出生起即应当享有姓名权利，享有获得国籍的权利，并尽可能享有知悉父母并得到父母照顾的权利。

第十九条 独立生活和融入社区

本公约缔约国确认所有残疾人享有在社区中生活的平等权利以及与其他人同等的选择，并应当采取有效和适当的措施，以便利残疾人充分享有这项权利以及充分融入和参与社区，包括确保：

（一）残疾人有机会在与其他人平等的基础上选择居所，选择在何处、与何人一起生活，不被迫在特定的居住安排中生活；

（二）残疾人获得各种居家、住所和其他社区支助服务，包括必要的个人援助，以便在社区生活和融入社区，避免同社区隔绝或隔离；

（三）残疾人可以在平等基础上享用为公众提供的社区服务和设施，并确保这些服务和设施符合他们的需要。

第二十条 个人行动能力

缔约国应当采取有效措施，确保残疾人尽可能独立地享有个人行动能力，包括：（一）便利残疾人按自己选择的方式和时间，以低廉费用享有个人行动能力；

（二）便利残疾人获得优质的助行器具、用品、辅助技术以及各种形式的现场协助和中介，包括以低廉费用提供这些服务；

（三）向残疾人和专门协助残疾人的工作人员提供行动技能培训；

（四）鼓励生产助行器具、用品和辅助技术的实体考虑残疾人行动能力的各个方面。

第二十一条 表达意见的自由和获得信息的机会

缔约国应当采取一切适当措施，包括下列措施，确保残疾人能够行使自由表达意见的权利，包括在与其他人平等的基础上，通过自行选择本公约第二条所界定的一切交流形式，寻求、接受、传递信息和思想的自由：

（一）以无障碍模式和适合不同类别残疾的技术，及时向残疾人提供公共信息，不另收费；

（二）在政府事务中允许和便利使用手语、盲文、辅助和替代性交流方式及残疾人选用的其他一切无障碍交流手段、方式和模式；

（三）敦促向公众提供服务，包括通过因特网提供服务的私营实体，以无障碍和残疾人可以使用的模式提供信息和服务；

（四）鼓励包括因特网信息提供商在内的大众媒体向残疾人提供无障碍务；

（五）承认和推动手语的使用。

第二十二条　尊重隐私

一、残疾人，不论其居所地或居住安排为何，其隐私、家庭、家居和通信以及其他形式的交流，不得受到任意或非法的干预，其荣誉和名誉也不得受到非法攻击。残疾人有权获得法律的保护，不受这种干预或攻击。

二、缔约国应当在与其他人平等的基础上保护残疾人的个人、健康和康复资料的隐私。

第二十三条　尊重家居和家庭

一、缔约国应当采取有效和适当的措施，在涉及婚姻、家庭、生育和个人关系的一切事项中，在与其他人平等的基础上，消除对残疾人的歧视，以确保：

（一）所有适婚年龄的残疾人根据未婚配偶双方自由表示的充分同意结婚和建立家庭的权利获得承认；

（二）残疾人自由、负责任地决定子女人数和生育间隔，获得适龄信息、生殖教育和计划生育教育的权利获得承认，并提供必要手段使残疾人能够行使这些权利；

（三）残疾人，包括残疾儿童，在与其他人平等的基础上，保留其生育力。

二、如果本国立法中有监护、监管、托管和领养儿童或类似的制度，缔约国应当确保残疾人在这些方面的权利和责任；在任何情况下均应当以儿童的最佳利益为重。缔约国应当适当协助残疾人履行其养育子女的责任。

三、缔约国应当确保残疾儿童在家庭生活方面享有平等权利。为了实现这些权利，并为了防止隐藏、遗弃、忽视和隔离残疾儿童，缔约国应当承诺及早向残疾儿童及其家属提供全面的信息、服务和支助。

四、缔约国应当确保不违背儿童父母的意愿使子女与父母分离，除非主管当局依照适用的法律和程序，经司法复核断定这种分离确有必要，符合儿童本人的最佳利益。在任何情况下均不得以子女残疾或父母一方或双方残疾为理由，使子女与父母分离。

五、缔约国应当在近亲属不能照顾残疾儿童的情况下，尽一切努力在大家庭范围内提供替代性照顾，并在无法提供这种照顾时，在社区内提供家庭式照顾。

第二十四条 教 育

一、缔约国确认残疾人享有受教育的权利。为了在不受歧视和机会均等的情况下实现这一权利，缔约国应当确保在各级教育实行包容性教育制度和终生学习，以便：

（一）充分开发人的潜力，培养自尊自重精神，加强对人权、基本自由和人的多样性的尊重；

（二）最充分地发展残疾人的个性、才华和创造力以及智能和体能；

（三）使所有残疾人能切实参与一个自由的社会。

二、为了实现这一权利，缔约国应当确保：

（一）残疾人不因残疾而被排拒于普通教育系统之外，残疾儿童不因残疾而被排拒于免费和义务初等教育或中等教育之外；

（二）残疾人可以在自己生活的社区内，在与其他人平等的基础上，获得包容性的优质免费初等教育和中等教育；

（三）提供合理便利以满足个人的需要；

（四）残疾人在普通教育系统中获得必要的支助，便利他们切实获得教育；

（五）按照有教无类的包容性目标，在最有利于发展学习和社交能力的环境中，提供适合个人情况的有效支助措施。

三、缔约国应当使残疾人能够学习生活和社交技能，便利他们充分和平等地参与教育和融入社区。为此目的，缔约国应当采取适当措施，包括：

（一）为学习盲文，替代文字，辅助和替代性交流方式、手段和模式，定向和行动技能提供便利，并为残疾人之间的相互支持和指导提供便利；

（二）为学习手语和宣传聋人的语言特性提供便利；

（三）确保以最适合个人情况的语文及交流方式和手段，在最有利于发展学习和社交能力的环境中，向盲、聋或聋盲人，特别是盲、聋或聋盲儿童提供教育。

四、为了帮助确保实现这项权利，缔约国应当采取适当措施，聘用有资格以手语和（或）盲文教学的教师，包括残疾教师，并对各级教育的专业人员和工作人员进行培训。这种培训应当包括对残疾的了解和学习使用适当的辅助和替代性交流方式、手段和模式、教育技巧和材料以协助残疾人。

五、缔约国应当确保，残疾人能够在不受歧视和与其他人平等的基础上，获得普通高等教育、职业培训、成人教育和终生学习。为此目的，缔约国应当确保向残疾人提供合理便利。

第二十五条　健　康

缔约国确认，残疾人有权享有可达到的最高健康标准，不受基于残疾的歧视。缔约国应当采取一切适当措施，确保残疾人获得考虑到性别因素的医疗卫生服务，包括与健康有关的康复服务。缔约国尤其应当：

（一）向残疾人提供其他人享有的，在范围、质量和标准方面相同的免费或费用低廉的医疗保健服务和方案，包括在性健康和生殖健康及全民公共卫生方案方面；

（二）向残疾人提供残疾特需医疗卫生服务，包括酌情提供早期诊断和干预，并提供旨在尽量减轻残疾和预防残疾恶化的服务，包括向儿童和老年人提供这些服务；

（三）尽量就近在残疾人所在社区，包括在农村地区，提供这些医疗卫生服务；

（四）要求医护人员，包括在征得残疾人自由表示的知情同意基础上，向残疾人提供在质量上与其他人所得相同的护理，特别是通过提供培训和颁布公共和私营医疗保健服务职业道德标准，提高对残疾人人权、尊严、自主和需要的认识；

（五）在提供医疗保险和国家法律允许的人寿保险方面禁止歧视残疾人，这些保险应当以公平合理的方式提供；

（六）防止基于残疾而歧视性地拒绝提供医疗保健或医疗卫生服务，或拒绝提供食物和液体。

第二十六条 适应训练和康复

一、缔约国应当采取有效和适当的措施，包括通过残疾人相互支持，使残疾人能够实现和保持最大程度的自立，充分发挥和维持体能、智能、社会和职业能力，充分融入和参与生活的各个方面。为此目的，缔约国应当组织、加强和推广综合性适应训练和康复服务和方案，尤其是在医疗卫生、就业、教育和社会服务方面，这些服务和方案应当：

（一）根据对个人需要和体能的综合评估尽早开始；

（二）有助于残疾人参与和融入社区和社会的各个方面，属自愿性质，并尽量在残疾人所在社区，包括农村地区就近安排。

二、缔约国应当促进为从事适应训练和康复服务的专业人员和工作人员制订基础培训和进修培训计划。

三、在适应训练和康复方面，缔约国应当促进提供为残疾人设计的辅助用具和技术以及对这些用具和技术的了解和使用。

第二十七条 工作和就业

一、缔约国确认残疾人在与其他人平等的基础上享有工作权，包括有机会在开放、具有包容性和对残疾人不构成障碍的劳动力市场和工作环境中，为谋生自由选择或接受工作的权利。为保障和促进工作权的实现，包括在就业期间致残者的工作权的实现，缔约国应当采取适当步骤，包括通过立法，除其他外：

（一）在一切形式就业的一切事项上，包括在征聘、雇用和就业条件、继续就业、职业提升以及安全和健康的工作条件方面，禁止基于残疾的歧视；

（二）保护残疾人在与其他人平等的基础上享有公平和良好的工作条件，包括机会均等和同值工作同等报酬的权利，享有安全和健康的工作环境，包括不受骚扰的权利，并享有申诉的权利；

（三）确保残疾人能够在与其他人平等的基础上行使工会权；

（四）使残疾人能够切实参加一般技术和职业指导方案，获得职业介绍服务、职业培训和进修培训；

（五）在劳动力市场上促进残疾人的就业机会和职业提升机会，协助残疾人寻找、获得、保持和恢复工作；

（六）促进自营就业、创业经营、创建合作社和个体开业的机会；

（七）在公共部门雇用残疾人；

（八）以适当的政策和措施，其中可以包括平权行动方案、奖励和其他措施，促进私营部门雇用残疾人；

（九）确保在工作场所为残疾人提供合理便利；

（十）促进残疾人在开放劳动力市场上获得工作经验；

（十一）促进残疾人的职业和专业康复服务、保留工作和恢复工作方案。

二、缔约国应当确保残疾人不被奴役或驱役，并在与其他人平等的基础上受到保护，不被强迫或强制劳动。

第二十八条　适足的生活水平和社会保护

一、缔约国确认残疾人有权为自己及其家属获得适足的生活水平，包括适足的食物、衣物、住房，以及不断改善生活条件；缔约国应当采取适当步骤，保障和促进在不受基于残疾的歧视的情况下实现这项权利。

二、缔约国确认残疾人有权获得社会保护，并有权在不受基于残疾的歧视的情况下享有这项权利；缔约国应当采取适当步骤，保障和促进这项权利的实现，包括采取措施：

（一）确保残疾人平等地获得洁净供水，并且确保他们获得适当和价格低廉的服务、用具和其他协助，以满足与残疾有关的需要；

（二）确保残疾人，尤其是残疾妇女、女孩和老年人，可以利用社会保护方案和减贫方案；

（三）确保生活贫困的残疾人及其家属，在与残疾有关的费用支出，包括适足的培训、辅导、经济援助和临时护理方面，可以获得国家援助；

（四）确保残疾人可以参加公共住房方案；

（五）确保残疾人可以平等享受退休福利和参加退休方案.

第二十九条　参与政治和公共生活

缔约国应当保证残疾人享有政治权利，有机会在与其他人平等的基础上享受这些权利，并应当承诺：

（一）确保残疾人能够在与其他人平等的基础上，直接或通过其自由选择的代表，有效和充分地参与政治和公共生活，包括确保残疾人享有选举和被选举的权利和机会，除其他外，采取措施：

1. 确保投票程序、设施和材料适当、无障碍、易懂易用；

2. 保护残疾人的权利，使其可以在选举或公投中不受威吓地采用无记名方式投票、参选、在各级政府实际担任公职和履行一切公共职务，并酌情提供使用辅助技术和新技术的便利；

3. 保证残疾人作为选民能够自由表达意愿，并在必要时根据残疾人的要求，为此目的允许残疾人自行选择的人协助投票；

（二）积极创造环境，使残疾人能够不受歧视地在与其他人平等的基础上有效和充分地参与处理公共事务，并鼓励残疾人参与公共事务，包括：

1. 参与涉及本国公共和政治生活的非政府组织和社团，参加政党的活动和管理；

2. 建立和加入残疾人组织，在国际、全国、地区和地方各级代表残疾人。

第三十条 参与文化生活、娱乐、休闲和体育活动

一、缔约国确认残疾人有权在与其他人平等的基础上参与文化生活，并应当采取一切适当措施，确保残疾人：

（一）获得以无障碍模式提供的文化材料；

（二）获得以无障碍模式提供的电视节目、电影、戏剧和其他文化活动；

（三）进出文化表演或文化服务场所，例如剧院、博物馆、电影院、图书馆、旅游服务场所，并尽可能地可以进出在本国文化中具有重要意义的纪念物和纪念地。

二、缔约国应当采取适当措施，使残疾人能够有机会为自身利益并为充实社会，发展和利用自己的创造、艺术和智力潜力。

三、缔约国应当采取一切适当步骤，依照国际法的规定，确保保护知识产权的法律不构成不合理或歧视性障碍，阻碍残疾人获得文化材料。

四、残疾人特有的文化和语言特性，包括手语和聋文化，应当有权在与其他人平等的基础上获得承认和支持。

五、为了使残疾人能够在与其他人平等的基础上参加娱乐、休闲和体育活动，缔约国应当采取适当措施，以便：

（一）鼓励和促进残疾人尽可能充分地参加各级主流体育活动；

（二）确保残疾人有机会组织、发展和参加残疾人专项体育、娱乐活动，并为此鼓励在与其他人平等的基础上提供适当指导、训练和资源；

（三）确保残疾人可以使用体育、娱乐和旅游场所；

（四）确保残疾儿童享有与其他儿童一样的平等机会参加游戏、娱乐和休闲以及体育活动，包括在学校系统参加这类活动；

（五）确保残疾人可以获得娱乐、旅游、休闲和体育活动的组织人提

供的服务。

第三十一条 统计和数据收集

一、缔约国承诺收集适当的信息，包括统计和研究数据，以便制定和实施政策，落实本公约。收集和维持这些信息的工作应当：

（一）遵行法定保障措施，包括保护数据的立法，实行保密和尊重残疾人的隐私；

（二）遵行保护人权和基本自由的国际公认规范以及收集和使用统计数据的道德原则。

二、依照本条规定收集的信息应当酌情分组，用于协助评估本公约规定的缔约国义务的履行情况，查明和清除残疾人在行使其权利时遇到的障碍。

三、缔约国应当负责传播这些统计数据，确保残疾人和其他人可以使用这些统计数据。

第三十二条 国际合作

一、缔约国确认必须开展和促进国际合作，支持国家为实现本公约的宗旨和目的而作出的努力，并将为此在双边和多边的范围内采取适当和有效的措施，并酌情与相关国际和区域组织及民间社会，特别是与残疾人组织，合作采取这些措施。除其他外，这些措施可包括：

（一）确保包容和便利残疾人参与国际合作，包括国际发展方案；

（二）促进和支持能力建设，如交流和分享信息、经验、培训方案和最佳做法；

（三）促进研究方面的合作，便利科学技术知识的获取；

（四）酌情提供技术和经济援助，包括便利获取和分享无障碍技术和辅助技术以及通过技术转让提供这些援助。

二、本条的规定不妨害各缔约国履行其在本公约下承担的义务。

第三十三条 国家实施和监测

一、缔约国应当按照本国建制，在政府内指定一个或多个协调中心，负责有关实施本公约的事项，并应当适当考虑在政府内设立或指定一个协调机制，以便利在不同部门和不同级别采取有关行动。

二、缔约国应当按照本国法律制度和行政制度，酌情在国内维持、加强、指定或设立一个框架，包括一个或多个独立机制，以促进、保护和监测本公约的实施。在指定或建立这一机制时，缔约国应当考虑与保护和促进人权的国家机构的地位和运作有关的原则。

三、民间社会，特别是残疾人及其代表组织，应当获邀参加并充分参与监测进程。

第三十四条 残疾人权利委员会

一、应当设立一个残疾人权利委员会（以下称"委员会"），履行下文规定的职能。

二、在本公约生效时，委员会应当由十二名专家组成。在公约获得另外六十份批准书或加入书后，委员会应当增加六名成员，以足十八名成员之数。

三、委员会成员应当以个人身份任职，品德高尚，在本公约所涉领域具有公认的能力和经验。缔约国在提名候选人时，务请适当考虑本公约第四条第三款的规定。

四、委员会成员由缔约国选举，选举须顾及公平地域分配原则，各大文化和各主要法系的代表性，男女成员人数的均衡性以及残疾人专家的参加。

五、应当在缔约国会议上，根据缔约国提名的本国国民名单，以无记名投票选举委员会成员。这些会议以三分之二的缔约国构成法定人数，得票最多和获得出席并参加表决的缔约国代表的绝对多数票者，当选为委员会成员。

六、首次选举至迟应当在本公约生效之日后六个月内举行。每次选举，联合国秘书长至迟应当在选举之日前四个月函请缔约国在两个月内递交提名人选。秘书长随后应当按英文字母次序编制全体被提名人名单，注明提名缔约国，分送本公约缔约国。

七、当选的委员会成员任期四年，可以连选连任一次。但是，在第一次选举当选的成员中，六名成员的任期应当在两年后届满；本条第五款所述会议的主席应当在第一次选举后，立即抽签决定这六名成员。

八、委员会另外六名成员的选举应当依照本条的相关规定，在正常选举时举行。

九、如果委员会成员死亡或辞职或因任何其他理由而宣称无法继续履行其职责，提名该成员的缔约国应当指定一名具备本条相关规定所列资格并符合有关要求的专家，完成所余任期。

十、委员会应当自行制定议事规则。

十一、联合国秘书长应当为委员会有效履行本公约规定的职能提供必要的工作人员和便利，并应当召开委员会的首次会议。

十二、考虑到委员会责任重大，经大会核准，本公约设立的委员会的成员，应当按大会所定条件，从联合国资源领取薪酬。

十三、委员会成员应当有权享有联合国特派专家根据《联合国特权和豁免公约》相关章节规定享有的便利、特权和豁免。

第三十五条　缔约国提交的报告

一、各缔约国在本公约对其生效后两年内，应当通过联合国秘书长，向委员会提交一份全面报告，说明为履行本公约规定的义务而采取的措施和在这方面取得的进展。

二、其后，缔约国至少应当每四年提交一次报告，并在委员会提出要求时另外提交报告。

三、委员会应当决定适用于报告内容的导则。

四、已经向委员会提交全面的初次报告的缔约国，在其后提交的报告中，不必重复以前提交的资料。缔约国在编写给委员会的报告时，务请采用公开、透明的程序，并适当考虑本公约第四条第三款的规定。

五、报告可以指出影响本公约所定义务履行程度的因素和困难。

第三十六条　报告的审议

一、委员会应当审议每一份报告，并在委员会认为适当时，对报告提出提议和一般建议，将其送交有关缔约国。缔约国可以自行决定向委员会提供任何资料作为回复。委员会可以请缔约国提供与实施本公约相关的进一步资料。

二、对于严重逾期未交报告的缔约国，委员会可以通知有关缔约国，如果在发出通知后的三个月内仍未提交报告，委员会必须根据手头的可靠资料，审查该缔约国实施本公约的情况。委员会应当邀请有关缔约国参加这项审查工作。如果缔约国作出回复，提交相关报告，则适用本条第一款的规定。

三、联合国秘书长应当向所有缔约国提供上述报告。

四、缔约国应当向国内公众广泛提供本国报告，并便利获取有关这些报告的提议和一般建议。

五、委员会应当在其认为适当时，把缔约国的报告转交联合国专门机构、基金和方案以及其他主管机构，以便处理报告中就技术咨询或协助提出的请求或表示的需要，同时附上委员会可能对这些请求或需要提出的意见和建议。

第三十七条　缔约国与委员会的合作

一、各缔约国应当与委员会合作，协助委员会成员履行其任务。

二、在与缔约国的关系方面，委员会应当适当考虑提高各国实施本公约的能力的途径和手段，包括为此开展国际合作。

第三十八条　委员会与其他机构的关系

为了促进本公约的有效实施和鼓励在本公约所涉领域开展国际合作：

（一）各专门机构和其他联合国机构应当有权派代表列席审议本公约中属于其职权范围的规定的实施情况。委员会可以在其认为适当时，邀请专门机构和其他主管机构就公约在各自职权范围所涉领域的实施情况提供专家咨询意见。委员会可以邀请专门机构和其他联合国机构提交报告，说明公约在其活动范围所涉领域的实施情况；

（二）委员会在履行任务时，应当酌情咨询各国际人权条约设立的其他相关机构的意见，以便确保各自的报告编写导则、提议和一般建议的一致性，避免在履行职能时出现重复和重叠。

第三十九条 委员会报告

委员会应当每两年一次向大会和经济及社会理事会提出关于其活动的报告，并可以在审查缔约国提交的报告和资料的基础上，提出提议和一般建议。这些提议和一般建议应当连同缔约国可能作出的任何评论，一并列入委员会报告。

第四十条 缔约国会议

一、缔约国应当定期举行缔约国会议，以审议与实施本公约有关的任何事项。

二、联合国秘书长至迟应当在本公约生效后六个月内召开缔约国会议。其后，联合国秘书长应当每两年一次，或根据缔约国会议的决定，召开会议。

第四十一条 保存人

联合国秘书长为本公约的保存人。

第四十二条 签 署

本公约自二〇〇七年三月三十日起在纽约联合国总部开放给所有国家和区域一体化组织签署。

第四十三条 同意接受约束

本公约应当经签署国批准和经签署区域一体化组织正式确认,并应当开放给任何没有签署公约的国家或区域一体化组织加入。

第四十四条 区域一体化组织

一、"区域一体化组织"是指由某一区域的主权国家组成的组织,其成员国已将本公约所涉事项方面的权限移交该组织。这些组织应当在其正式确认书或加入书中声明其有关本公约所涉事项的权限范围。此后,这些组织应当将其权限范围的任何重大变更通知保存人。

二、本公约提及"缔约国"之处,在上述组织的权限范围内,应当适用于这些组织。

三、为第四十五条第一款和第四十七条第二款和第三款的目的,区域一体化组织交存的任何文书均不在计算之列。

四、区域经济一体化组织可以在缔约国会议上,对其权限范围内的事项行使表决权,其票数相当于已成为本公约缔约国的组织成员国的数目。如果区域一体化组织的任何成员国行使表决权,则该组织不得行使表决权,反之亦然。

第四十五条 生 效

一、本公约应当在第二十份批准书或加入书交存后的第三十天生效。

二、对于在第二十份批准书或加入书交存后批准、正式确认或加入的国家或区域一体化组织，本公约应当在该国或组织交存各自的批准书、正式确认书或加入书后的第三十天生效。

第四十六条 保　留

一、保留不得与本公约的目的和宗旨不符。

二、保留可随时撤回。

第四十七条 修　正

一、任何缔约国均可以对本公约提出修正案，提交联合国秘书长。秘书长应当将任何提议修正案通告缔约国，请缔约国通知是否赞成召开缔约国会议以审议提案并就提案作出决定。在上述通告发出之日后的四个月内，如果有至少三分之一的缔约国赞成召开缔约国会议，秘书长应当在联合国主持下召开会议。经出席并参加表决的缔约国三分之二多数通过的任何修正案应当由秘书长提交大会核可，然后提交所有缔约国接受。

二、依照本条第一款的规定通过和核可的修正案，应当在交存的接受书数目达到修正案通过之日缔约国数目的三分之二后的第三十天生效。此后，修正案应当在任何缔约国交存其接受书后的第三十天对该国生效。修正案只对接受该项修正案的缔约国具有约束力。

三、经缔约国会议协商一致决定，依照本条第一款的规定通过和核可但仅涉及第三十四条、第三十八条、第三十九条和第四十条的修正案，应当在交存的接受书数目达到修正案通过之日缔约国数目的三分之二后的第三十天对所有缔约国生效。

第四十八条 退　约

缔约国可以书面通知联合国秘书长退出本公约。退约应当在秘书长收到通知之日起一年后生效。

第四十九条　无障碍模式

应当以无障碍模式提供本公约文本。

第五十条　作准文本

本公约的阿拉伯文、中文、英文、法文、俄文和西班牙文文本同等作准。下列签署人经各自政府正式授权在本公约上签字，以昭信守。

关于残疾人的世界行动纲领（摘要）

联合国大会第三十七届会议1982年12月3日第37/52号决议通过

第一章 目标、背景和概念

A. 目 标

1.《关于残疾人的世界行动纲领》的宗旨是要推行有关残疾预防和康复的有效措施，促进实现以下目标：使残疾人得以"充分参与"社会生活和发展，并享有"平等地位"，也就是说具有与全体公民同等的机会，平等分享因社会和经济发展而改善的生活条件。对所有国家来讲，无论其发展水平如何，这些概念所适用的范畴都是一样的，也都同样是刻不容缓的。

B. 背 景

2. 世界上有五亿以上的人口由于心智上、身体上或是感官上的缺陷而致残。这些残疾人应该享有同其他人一样的权利、同等的机会。但是往往由于社会上一些物质的和社会的阻碍，使残疾人无法充分参与社会生活，因而他们的生活就处于不利地位。

3. 对残疾人的状况的分析，必须根据不同的经济和社会发展水平和不同的文化具体进行。但无论在什么地方，处理致残后的种种后果的最终责任，都要由各国政府来承担。政府应该担当领导责任，促使人民认识到，让残疾人参与社会、经济和政治生活的各个领域，每个个人和整个社会都能得到好处。政府还应保证，那些因重残而确实不能自立的人也有机会取得与其他公民相同的生活水平。非政府组织可以采取不同的方式来协助政府，可以提出残疾人的各种需求，可以建议适当的解决方法，也可以提供一些服务来辅助政府所进行的各种服务。

4. 只要采取种种措施来克服营养不良、环境污染、卫生条件恶劣、产前产后照料不周、水媒疾病和各种事故，许多残疾是可以预防的。

5. 在许多国家，实现世界行动纲领宗旨所规定的各项目标的先决条件是：经济和社会的发展、向全体人民提供广泛的人道主义服务、重新分配资源和收入以及提高人民的生活水平。如果不采取有效的行动，残疾人问题所产生的后果将会对发展造成更多的障碍。因此，各国在拟定总体发展规划时，应该包括种种刻不容缓的措施，预防残疾的形成，促进残疾人的康复，并使残疾人得以享有机会平等，这是至关重要的。

C. 定　义

6. 世界卫生组织根据卫生工作的经验，对缺陷、残疾和障碍三者区分如下：

缺陷：是指心理上、生理上或人体结构上，某种组织或功能的任何异常或丧失。

残疾：是指由于缺陷而缺乏作为正常人以正常方式从事某种正常活动的能力。

障碍：是指一个人，由于缺陷或残疾，而处于某种不利地位，以至限制或阻碍该人发挥按其年龄、性别、社会与文化等因素应能发挥的正常作用。

7. 因此，障碍的有无及程度是由残疾人与其生活环境之间的关系所决定的。当残疾人遭受到文化、物质或社会方面的阻碍，不能利用其他人可以利用的各种社会系统时，就产生了障碍。因此，障碍是指与其他人平等参加社会生活的机会的丧失或是这种机会受到限制。

8. 残疾人并不是一个单一的性质的群体，包括精神病者，智力迟钝者，视觉、听觉和言语方面受损者，行动能力受限者和"内科残疾"者等。

9. 本纲领所提出的与行动有关的术语：残疾预防、康复和机会平等，其定义都是根据上述观点作出的。

10. 残疾预防旨在预防出现心智、身体和感官缺陷的各项措施（即一级预防）；或在出现缺陷后，防止它造成不良后果。

11. 康复是指有既定目标并且时间有限的一段过程，这一过程旨在使有缺陷的人在心智上、身体上、参与社会生活的功能上都能达到最佳状态，这样就为其生活的改善提供了自身的条件。康复包括为补偿某一丧失或削弱的功能所采取的各种措施（例如采用辅助器械），也包括有助于使他们适应或重新适应社会生活的措施。

12. 机会平等是指要使整个社会体系能为人人所利用，诸如物质和文化环境、住房和交通、社会服务和保健服务、教育和就业及包括体育运动和娱乐设施在内的文化和社会生活。

D. 残疾预防

13. 残疾预防战略对于减少缺陷和残疾的出现极为重要。

14. 应该采取措施及早发现缺陷的症状，立即进行治疗或补救，这样就可以预防残疾，或者至少大为减轻残疾的程度，而且往往可以避免造成持久性残疾。

E. 康 复

15. 康复一般包括下列几种服务：

（a）及早发现、诊断与处理；

（b）医疗护理；

（c）社会、心理和其他方面的咨询和协助；

（d）进行自理训练，包括行动、交往及日常生活技能，并为听觉、视觉受损者和弱智者提供所需的特殊器材；

（e）提供辅助器械、行动工具及其他设备；

（f）专门教育服务；

（g）职业技能训练（包括职业指导）、职业培训、公开招聘的和保护性的就业安置；

（h）后续工作。

16. 在一切康复工作中，要强调残疾人所具备能力的一面，要尊重他们的人格和尊严。

17. 残疾人的家庭和社区康复工作的重要环节，应该对为这一目的工作的家庭和社区组织给予协助。

18. 对残疾人的各项服务应尽可能在社会现有的社会、卫生、教育和劳动体制范围内解决。这包括各级医疗保健；小学、中学和高等教育；职业培训和就业安置综合方案；以及各项社会保障和社会服务措施。康复工作应在自然的环境中进行，辅之以社区康复服务和专门的康复机构。

19. 各项康复方案应使残疾人可以参加设计和组织他们本人和家庭认为必要的各种服务。

20. 应尽可能把康复服务纳入其他服务工作，并使残疾人更易得到这些服务。

F. 机会平等

21. 要达到"充分参与和平等"的目标，仅靠着眼于残疾人的康复措施是不够的。事实表明：决定残疾对于一个人日常生活影响的主要因素是环境。如果一个人失去了获得生活基本因素的机会，而这些机会对于社会其他人却是人人有份的，那就构成了障碍。这些基本因素包括：家庭生活、教育、住房、经济和人身保障、参加社会团体与政治团体、宗教活动、亲密关系和性关系、享用公共设施、行动自由以及一般的日常生活方式。

22. 社会一般来讲仅仅适合于那些身心完好无损的人。但是必须认识到，尽管有了各种残疾预防的措施，总还会有许多人有缺陷、有残疾。因此，社会有必要认清和消除妨碍这些人充分参与社会生活的各种障碍。各国政府有责任保证有残疾公民也分享到发展计划所带来的好处。每个社会的综合规划和行政结构中都应包括为此目的而制订的各种措施。

23. 任何单位都应吸收残疾人。这包括各级公共机构、非政府组织、公司。

24. 对于患有永久性残疾需要社区支助性服务以及辅助器械和设备才能在家里和社区里过正常生活的人，应使他们能够获得这种服务和设备。

25. 残疾人与健全人权利平等的原则是指每个人的需求都同等重要，社会规划必须以这些需求为基础，所有资源必须以确保每个人有平等的参与机会的方式加以使用。有关残疾人问题的政策应确保残疾人可享用所有的社会服务。

26. 既然残疾人享有平等权利,他们也承担同等义务,他们有义务参加社会建设。社会应该充分调动他们的才能投入社会变革,而不是提前给他们退休金或资助。

27. 社会对残疾人的态度可能是残疾人参与社会和取得平等权益的最大障碍。我们看残疾人,应该着重看残疾人所具备的能力,而不是他们的残疾。

28. 在世界各地,残疾人已经着手组织起来,呼吁自己的权益。残疾人组织对于残疾人参与社会生活具有极其重大的意义,必须给予大力支持。

29. 心智残障的人现已开始要求表达他们自己的意见,坚持他们有权参加决策和讨论。这种发展应受到鼓励。

30. 应该寻求所有大众宣传媒介的合作,针对公众及残疾人本身进行宣传,以促进对残疾人权益的理解,避免加深传统陈腐观念及偏见。

G. 联合国系统所持概念

31. 联合国宪章中,对和平原则的重申、对人权和基本自由的信念、对人的尊严与价值和促进社会正义,被赋予了头等重要的意义。

32. 《世界人权宣言》声明,人人享有下列权利:婚姻权;财产所有权;平等享用公用设施的权利;享受社会保障的权利;并有权行使经济、社会和文化方面的各种权利。《国际人权公约》、《弱智人权利宣言》和《残疾人权利宣言》也都明确表达了这些原则。

33. 《社会进步和发展宣言》声明,有必要保障残疾人的权利,并保证他的福利和康复,以及每个人都有权并有机会参加劳动。

34. 联合国秘书处内部设有几个机构负责与上述概念和世界行动纲领有关的工作。

35. 联合国的其他组织和方案也采取了与发展有关的种种手段,这些手段对于执行关于残疾人的世界行动纲领具有重大意义。

36. 参与促进、支持和实际工作的联合国各专门机构在残疾预防、残疾人教育、职业培训、就业安置等方案中，已积累了丰富的经验和专门的知识，可供会员国参考。

第二章 当前情况

A. 概　述

37. 现在全世界残疾人估测数字为5亿。在许多国家里，每10个人中至少有一个残疾，至少有25%的人因与残疾人有关而受到不利的影响。

38. 造成缺陷的原因，世界各地不同，残疾的普遍程度和残疾造成的后果也各有不同。造成这些差别的原因，在于社会经济条件不同，也在于各个社会对其成员提供的福利不同。39. 除极少数例外情况，残疾人到处都碰到物质、文化和社会方面的障碍，妨碍他们的生活。

40. 众多因素造成残疾人数日益增多并把残疾人排挤到社会的边缘。

41. 残疾与贫困有着明显的关系。家里有残疾人，往往对家庭有限的资源造成沉重的负担，并且产生精神压力，因而使得这个家庭更为贫困。这些因素所产生的综合影响，使得社会最贫困阶层中残疾人数的比例特别高。

42. 现有的知识和技能能够预防许多缺陷和残疾的产生，能够协助残疾人克服或尽量减轻残疾，也能使各国消除把残疾人排除正常生活之外的种种障碍。

一、发展中国家的残疾人问题

43. 发展中国家的残疾人问题需要给予特别重视。其中有些国家残疾人所占人口比例估计高达20%，如果算上家属和亲属，就有50%的人受到残疾的不利影响。

44. 在这类国家中，残疾人问题由于人口激增而变得更加复杂，迫切需要帮助这些国家制订人口政策、防止残疾人口的增加，并且努力对已经有残疾的人进行康复并提供服务。

二、特殊群体

45. 残疾造成的后果对妇女的危害特别大，在许多国家中，妇女在社会、文化和经济方面已处于不利地位，再加上残疾，她们参与社会生活就更困难了。

46. 许多儿童由于有了缺陷而无法获得正常的成长，如果家庭和社会对待他们的态度和行为不恰当，就会使情况更加严重。

47. 在大多数国家，老年人口日益增加，有些国家中，三分之二的残疾人是上了年纪的。

48. 由于犯罪学的一个分支学科"受害者研究"的问世，人们现在才逐步看清，造成永久性或暂时性残疾的罪行对受害者伤害的严重程度。

49. 受到酷刑迫害而致残疾的人，是又一类残疾人。

50. 由于人为的灾难，当今世界上有1000多万人沦为难民。其中许多人由于遭受迫害、暴力和各种危险而致残。

51. 在国外做工的人，由于环境的改变、对移居国的语言缺乏了解、偏见和歧视、缺乏职业培训和生活条件，他们面临重重障碍。

B. 残疾预防

52. 预防缺陷的活动正在日益增多，例如：改善卫生、教育和营养条件，改进食品供应和妇幼保健；提供有关遗传和产前保健的咨询服务；免疫、控制疾病与感染；预防事故；改善环境。

53. 大多数发展中国家还有待于通过定期健康检查（特别是对孕妇、婴幼儿）以建立及早发现和预防缺陷的制度。

54. 1981年11月12日《关于残疾预防的里兹堡宣言》和国际上一些科学家、医生、卫生行政人员和政治家呼吁，注意残疾预防的实际措施。

55. 人们越来越清楚地认识到，实行预防缺陷和保证缺陷不致发展成为更为严重的残疾方案，要比以后不得不照料残疾人，使社会付出的代价小得多。

C. 康　复

56. 康复服务往往是通过专门机构提供的。但是现在有一种越来越强的趋势，即更加强调把各种服务归并到一般公共设施中去。

57. 被称之为康复的活动，无论是其内容还是精神都在不断变化之中。现在，在提供合格的医疗、社会和教学服务的同时，也使家庭和社区能够支持其残疾成员所作的努力，以使他们能在正常的社会环境中克服对其能力的不利影响。

58. 许多残疾人需要辅助器械。

59. 许多人只需要简单的器械以便利自己行动、交往和日常生活。现在越来越注意设计更简单、便宜的器械，采用更适合国情的当地生产方法，使产品更适合多数残疾人，并且更容易得到。

D. 机会平等

60. 残疾人参与社会生活的各项权利可以主要通过各种政治和社会行动获得。

61. 许多国家已经采取了重要步骤来消除或减少残疾人充分参与的障碍，制定了法规，以保证残疾人有求学、就业和利用各项社会设施的权利和机会。

62. 残疾人往往带头使人们进一步理解机会平等的过程。他们自己倡导了把残疾人融合到社会中去。

63. 尽管作了这些努力，但在大多数国家中，残疾人取得平等机会和参与社会的程度仍然远远不能令人满意。

一、教　育

64. 至少10%的儿童有残疾。他们与正常儿童同样有受教育的权利，他们需要积极的对策和专门的服务。然而，在发展中国家，大多数残疾儿童没有得到专门服务，也没有接受义务教育的机会。

65. 各国情况千差万别，有些国家残疾人的教育水平很高，有些国家这类设施很有限或根本不存在。

66. 目前一般对残疾人的潜力还缺乏认识。而且往往没有涉及他们需求的法律规定，师资和设备也都不足。

67. 在特殊教育领域，已经有了重要的创新发展，教学技术也有了显著进展，因此残疾人的教育应可取得更大的成绩。

68. 这些进展关系到及早发现、评估和干预以及在各种环境中特殊教育方案，以便除需要非常专注以外的其他许多残疾儿童可以在普通学校环境中就读。

二、就业

69. 只要有适当的评估、训练和安置，绝大多数残疾人都能按照现行的工作标准从事多种工作，但是实际情况仍然是残疾人通常首先被解雇，最后被录用。许多国家制订了各种方案并采取了各种措施为残疾人创造工作机会，包括受保护的生产车间、受保护的场地、指定的工作职位、为残疾人规定的保障名额、对培训并雇用残疾工人的雇主给予补贴以及由残疾人建立和为残疾人建立的合作社等。

70. 许多残疾人住在农村地区，随着农业变得更加机械化和商业化，残疾人要就业就更加困难了。住在城市贫民窟的许多残疾人被迫无所事事，只得依赖别人；另一些则甚至不得不靠乞讨为生。

三、社会问题

71. 充分参与社会的的基本单位——家庭、社会群体和社区——的各种活动是人生的基本要求。《世界人权宣言》中规定了这种参与的机会平等的权利，因而人人都应能享有这种权利，包括残疾人在内。

72. 各种不正确的态度和行为往往使残疾人被排斥于社会和文化生活之外。

73. 人们往往认识不到残疾人参加正常社会生活的潜在力量，因此未能帮助残疾人与其他社会群体融为一体。

74. 由于这些障碍，残疾人往往很难或无法与他人建立密切的和亲密的关系，即使没有功能方面的限制，也往往无法结婚。

75. 不少残疾人不但被排斥于其社区的正常社会生活之外，而且实际上是被拘囿于安养机构之中。

76. 许多残疾人之所以不能积极参与社会活动，是由于诸如门口过于狭窄，轮椅不能通过；建筑物、公共汽车、火车和飞机的台阶无法登上；电话和电灯开关够不着；卫生设备无法使用。其他障碍也同样可把他们排除在外，诸如听觉有缺陷者无法与人交流；视觉有缺陷者无法阅读书籍。这类障碍是由于无知和缺乏关心造成的；尽管其中多数障碍只要通过仔细规划，花费不大的代价就可以避免，但却仍然存在。

77. 残疾预防、康复以及使残疾人融入社会的现有各种服务、设施和社会行动,是与政府和社会是否愿意并且依据能力向条件不利的群体分配资源、收入和服务密切相关的。

E. 残疾人问题与国际经济新秩序

78. 根据国际经济新秩序设想由发达国家向发展中国家进行的资源和技术转让,以及旨在加强发展中国家经济的其他规定,如果能得到实行,将会有利于这些国家包括残疾人在内的人民。

79.《联合国第三个发展十年国际发展战略》指出,应特别努力使残疾人参与发展过程,因此有必要采取有效措施进行残疾预防、康复和机会平等方面的工作。为此目的而采取的积极行动,是为促进发展而调动所有人力资源这一总任务的一部分。

F. 经济和社会发展的结果

80. 只要使营养、教育、住房、卫生条件和初级保健诸方面的努力能够取得成功,预防缺陷和医治伤残的工作就大有希望。

81. 经济和社会发展的不平衡,增加了残疾人参与社会的困难。

第三章 执行《关于残疾人的世界行动纲领》的意见

A. 导 言

82.《关于残疾人的世界行动纲领》的目标旨在促进采取有效措施,以进行残疾人预防、康复并实现有关残疾人"充分参与"社会生活和发展及取得"平等"的各项目标。应当认识到,执行世界行动纲领,本身就会因为动员了全部人力资源和全体人民的充分参与而对社会发展进程作出贡献。

83. 残疾人的状况与整个国家的全面发展密切相关。

84. 要实现这些目标,要求有一个多部门、多学科的全球性战略,采取联合的和协调一致的有关政策和行动，使残疾人获得平等的机会，有效的康复服务及残疾预防措施。

85.《世界行动纲领》的进一步修订，其实施应向残疾人和残疾人组织咨询。为此，应尽力鼓励在地方、国家、地域和国际各级建立残疾人组织。他们由本身经验而掌握的专门知识，对规划残疾人方案和服务工作，可以作出相当大的贡献。

B. 国家行动

86. 世界行动纲领是为所有国家所制订的。但是，执行这个纲领的期限以及所选择的优先执行项目各国有所不同。

87. 执行本节所建议各项措施的最终责任应由各国政府承担，也要号召地方当局和其他公私部门的机构一起来执行《世界行动纲领》中所载的各项国家性措施。

88. 会员国应迅速开始实行各项国家长期计划，以实现世界行动纲领的目标；此类计划应为国家社会经济发展总政策的一个必要的组成部分。

89. 有关残疾人的事项应该在适当的总体范围内处理，而不应分别处理。政府各部和公私部门的其他机构，都应对它主管或所在部门职权范围内有关残疾人的问题负责。各国政府应设立协调中心〈如全国委员会或类似机构〉来调查和监督各部、政府其他机构和非政府组织与世界行动纲领有关的活动。所设机构应由所有有关方面包括残疾人的组织共同参加。这种机构应能接触到最高决策人。

90. 为了执行世界行动纲领，会员国必须：

（a）规划、组织各级活动，并为各级活动提供资金；

（b）通过立法，为达到各项目标所采取的措施建立必要的法律基础和权威；

（c）通过消除充分参与的障碍来保证各种机会；

（d）通过对残疾人给予社会、营养、医疗、教育和职业各方面的协助和辅助器械来提供康复服务；

（e）成立或动员有关公私组织；

（f）支持建立和发展残疾人组织；

（g）编写有关世界行动纲领各项议题的资料，并散发给各界人士，包括残疾人及其家属；

（h）促进公众教育以保证人们对世界行动纲领有广泛了解；

（i）促进对世界行动纲领有关事项的研究；

（j）促进与世界行动纲领有关的技术援助和合作；

（k）促进残疾人用其组织参加有关世界行动纲领的决策。

一、残疾人参与决策

91．会员国应增加对残疾人组织的支助，帮助他们组织起来协调一致，以代表残疾人的利益并提出他们所关心的问题。

92．会员国应积极寻求并尽一切可能鼓励由残疾人组成的或代表残疾人的组织的发展。

93．会员国应与这类组织建立直接联系，并开辟渠道，使它们能在具有切身利害关系的一切领域影响政府的政策和决策。会员国应为此目的给予残疾人组织以必要的财力支持。

94．各级组织和其他机构应确保残疾人能够最充分地参与其活动。

二、缺陷、残疾和障碍的预防

95．会员国应对预防缺陷和残疾采取适当措施并确保有关知识和技术的传播。

96．要订立社会各级的残疾人预防协调方案。

三、康　复

97．会员国应制订实现世界行动纲领目标必不可少的残疾人康复服务并保证其切实执行。

98．鼓励会员为全体人民提供必要的保健及有关服务，以消除或减轻缺陷的致残的恶果。

99．上述服务包括提供必要的社会、营养、保健和职业方面的服务，使残疾人的机能能够达到最佳状态。

100．会员国应保证，必须使残疾人能得到适合当地情况的器械和设备，还要保证后续维修和过时器械的更换。

101．必须保证需要利用此类设备的残疾人有购买和学习使用这些设备的经济来源和实际机会。阻碍从其他国家获得本国不能制造的现成辅助器械和材料的进口关税及其他手续应予以废除。十分重要的是支持在当地生产适合该地技术、社会和经济情况的辅助器械。

102. 为了促进当地生产和发展辅助器械，会员国应考虑建立负有支持这种发展责任的全国中心。

103. 鼓励会员国在其总的社会服务系统里，有为残疾人提供咨询和处理残疾人问题所必需的合格人才。

104. 当总的社会服务系统的能力不足以满足这种需要时，可以提供特殊的服务。

105. 鼓励会员国在现有资源范围内，采取任何必要的措施以确保生活在农村、城市贫民窟的残疾人都能得到必要的服务并能充分利用这些服务。

106. 残疾人不应与他们的家庭和社区隔离。会员国应该保证服务按照需要公平分配到所有人和所有地理区域。

107. 许多国家显然忽视了对精神病患者的医疗保健和社会服务。在精神病患者得到精神病专科治疗的同时，还应为本人及家属提供社会支助和指导。

四、机会平等

（a）立法

108. 会员国应承担责任，确保残疾人获得与其他公民平等的机会。

109. 会员国采取必要措施，消除对残疾人的任何歧视。

110. 各国在起草国家人权立法时，应特别注意避免对残疾人行使公民的各种权利和自由产生不利影响。

111. 会员国应注意残疾人受教育、工作、获得社会保障等具体权利及免受不人道或有辱人格的行为。

（b）物质环境

112. 会员国应致力使各类残疾人都能享用物质环境。

113. 会员国应制定政策，确保在规划住区环境时，注意到便于残疾人利用的问题。

114. 鼓励会员国制定政策确保残疾人能够进出和享用所有新建的公共建筑和设施、公共住房和公共交通工具。此外，还应采取措施，鼓励在可行的情况下，便利残疾人进出现有公共建筑和设施、住房和交通工具，特别要利用翻修改建工作的机会照顾到这点。

115．会员国应鼓励提供支助性服务，使残疾人可以在社会尽可能地独立生活。

（c）收入保障和社会保障

116．各会员国均应努力在本国的法规制度中，将世界行动纲领关于社会保障问题的总目标和分项目标的各项条款包括进去。

117．会员国确保残疾人有平等机会获得一切形式的收入、收入保障和社会保障。这一过程应以与该会员国的经济制度和发展程度相符的形式进行。

118．如果有全民社会保障、社会保险和其他这类制度存在，应该对这些制度进行检查，以确保向残疾人及其家属提供足够的福利以及残疾预防、康复和机会平等的服务。

119．应该作出方便可行的安排，使残疾人及其家属能够通过公正无私的听讯，对有关其权利和福利的决定提出申诉。

（d）教育和培训

120．会员国应制定政策，确认残疾人有权与其他人有平等接受教育的机会。残疾人的教育应尽可能纳入普通学校系统，教育当局应负起残疾人教育的职责，有关义务教育的法规应适用于有各种残疾包括最严重残疾的儿童。

121．会员国应在有关入学年龄、升级以及酌情对考试程序的规定用于残疾人时考虑增加其灵活性。

122．发展对残疾儿童和成人教育服务均应符合基本标准。

123．把残疾儿童纳入普遍教育系统的工作，需要所有有关方面共同进行规划。

124．如果普通学校系统的设施不适合某些残疾儿童，这些儿童应在特殊学校就读。

125．各项教育过程中，残疾儿童的父母的关心、参与是极其重要的。应向其父母提供必要支助，使他们为残疾子女提供尽可能正常的家庭环境。

126. 会员国应为残疾人参加成人教育计划提供方便。

127. 正规成人教育班的设施如不能满足某些残疾人的需求时，有必要提供特别班或训练中心。会员国应给予残疾人有可能受高等教育的机会。

(e) 就业

128. 会员国应制定政策并设立各项服务的支助性机构，以保证城乡残疾人都能有平等的机会，从事生产性的有酬工作。

129. 会员国通过各种措施，扶持残疾人参加劳动，诸如：给予奖励的保障名额办法，保留的或指派的职位，给残疾人小型企业和合作企业提供贷款或赠款，给雇用残疾人的企业减税、独家承办合同或优先生产权、合同优待或其他技术、财政援助等。会员国应支持发展辅助器械，并使残疾人容易得到工作所需的辅助器械和援助。

130. 但是，无论这些政策还是支助性机构都不应使劳动市场的就业机会受到限制。

131. 政府、雇主组织工人组织应在中央和地方各级互相合作，拟定共同的战略和共同的行动，以保证残疾人能有较好的就业机会。

132. 这些服务应包括：职业评估及指导、职业培训、就业安置和后续工作，应该为那些有特殊需求或有特别严重障碍而不能适应竞争性就业要求的残疾人提供受保护的职业。这种办法的形式可以是生产车间、居家工作、自营职业以及在竞争性工作中受保护条件下雇用少数有严重残疾的人。

133. 中央和地方政府在作为雇主时，应促进残疾人在公营部门中的就业。各项法律和规章不应为残疾人就业造成障碍。

(f) 娱乐活动

134. 会员国应保证残疾人能够与其他公民有同等机会进行娱乐活动。这包括能够使用饭馆、电影院、剧院、图书馆等以及度假地、运动场、旅馆、海滩和其他娱乐场所。会员国应采取行动消除达到这种效果的一切障碍。

(g) 文化

135. 会员国确保残疾人有机会充分发挥他们创造性的、艺术上的和智慧方面的潜力,这不仅是为了他们本身的利益而且也是为了造福社会。为此目的,应确保他们享有文化活动。必要时,应作出特别安排,满足心智或感官受损者的需求,如聋人助听器、盲人点字印刷书籍和盒式录音带以及适应个人智力的阅读材料等。文化活动的领域包括舞蹈、音乐、文学、戏剧和造型艺术等。

(h) 宗教

136. 应采取措施确保残疾人有机会充分参与社会现有的宗教活动。

(i) 体育运动

137. 体育运动对残疾人的重要性越来越为人们所认识。会员国应鼓励残疾人的一切形式的体育运动,特别是通过提供适当的设施和组织好这些活动。

五、社区行动

138. 会员国应特别优先考虑向地方社区提供信息资料、培训和资金,以帮助发展旨在实现世界行动纲领目标的各项方案。

139. 应做出安排以鼓励和促进地方社区相互间的合作以及信息经验的交流。

140. 重要的是应发动地方政府机关、机构及社区组织诸如公民团体、工会、妇女组织、消费者组织、服务团体、宗教团体、政党和家长会等积极参加。在残疾人组织可以有影响的各社区,都可指定一个适当机构作为筹措资金和开展活动的交流协调中心。

六、工作人员培训

141. 负责发展和提供为残疾人服务的当局应注意有关工作人员的事宜,特别是他们的征聘和培训。

142. 培训社区工作人员从事早期发现缺陷、提供初步协助、把患者转送到适当医疗单位就诊和进行后续工作十分重要,培训转诊中心的医务人员及其他人员也很重要。应把上述工作纳入有关部门,诸如初级保健、学校和社区发展方案。

143. 有关残疾人的服务工作如要普及到日益增多的尚未得到服务的人,就必须由当地社区的各医疗卫生人员和社会工作人员来提供。他们还需要专门的指导和培训,如为残疾人及其家属采用的简单的康复措施和技术。

144. 会员国应保证社区工作人员，除了专门的知识和技能以外，接受有关残疾人的社会需求的营养、医疗、教育和职业需求的综合知识。社区工作人员获得了必要的训练和指导，就可以向残疾人提供所需的大部分服务，并且是解决人手不足问题的宝贵财富。应特别强调，已经在社区其他有关方面工作的人员，须增长知识，提高能力和扩大责任，这些包括：教师、社会工作人员、志愿者、专业性的辅助保健人员、行政人员、政府规划人员、社区领导人。

145. 特殊教育教师的培训方面是大有可为的，应尽可能在需要此种特殊教育的国家内进行培训。

146. 把残疾人教育纳入普通教育系统，其成功先决条件是对普通教师和特教教师提供适当的教学培训方案。

147. 培训特教教师时，必须使业务面尽量宽一些，因为在许多发展中国家，特教教师要独立负责教许多课程。

七、宣传和公众教育

148. 会员国应对残疾人的权利、贡献和有待满足的需求的全面公共宣传方案予以鼓励，方案应能接触到所有有关人士和一般群众。

149. 应与残疾人组织磋商拟订指导方针，鼓励新闻媒介从事敏锐和确切的报道，在无线电、电视、电影、摄影和印刷品中对残疾人问题和残疾人均能有正确的描写和报道。

150. 政府当局有责任对其宣传工作加以调整，使它普及到包括残疾人在内的每一个人。这不仅用于残疾人问题的宣传，而且也适用于有关公民权益和义务的宣传。

151. 公共宣传方案的设计，应确保最中肯的信息资料能普及到各阶层的人。除一般的传播媒介和其他正常交流渠道以外，还应注意：

（1）编写专门材料，使残疾人及其家属了解他们应享的权利、福利和服务以及需要采取什么步骤纠正制度中的错误和弊端。这些材料应以适当的形式提供，以便视觉、听觉和其他交往方面有困难的人们能够使用和理解；

（2）编写专门材料，供那些通过正常交流渠道难以达到的群体使用；

（3）编写图片资料、视听材料和制订指导原则，供在偏僻地区工作和通过正常交流形式效果不大的社区工作人员使用。

152. 会员国应确保残疾人、残疾人家属以及专业人员能够获得关于方案和服务、立法、康复及安养机构、专门知识、辅助器械和器材的最新信息。

153. 负责公众教育的当局，应确保系统介绍残疾人问题的真实情况及其后果和有关残疾预防、残疾康复和残疾人机会平等的情况。

154. 在关于公共宣传方面，应给予残疾人及其组织同等的参与机会、足够的资源和专业的培训，使他们可以自由地表达他们的观点。

C. 国际行动

一、概　述

155. 经大会通过的《关于残疾人的世界行动纲领》，包括一项长期的国际计划；这项计划是根据与各国政府、联合国系统内各组织和机关、各政府间组织和非政府组织包括残疾人的组织和为残疾人工作的组织广泛协商的结果制订的。如果能在各级保持密切合作，那么实现本纲领各项目标的努力就会取得更快、更有效和更经济的进展。

156. 鉴于联合国社会发展和人道主义事务中心在残疾预防、残疾康复和残疾人机会平等方面所发挥的作用，指定该中心为协调中心，负责协调和监督世界行动纲领的实施，包括对纲领的审查和评价。

157. 联合国大会为国际残疾人年设立的信托基金应用来满足发展中国家和残疾人组织的援助要求，用来促进世界行动纲领的实施。

158. 一般而言，需要增加给予发展中国家实施世界行动纲领目标的资源。应鼓励各国政府和私人的自愿捐款。

159. 行政协调委员会应考虑世界行动纲领对联合国系统内各组织的影响，应利用现有途径继续进行联络工作并协调政策行动。

160. 国际性的非政府组织应该协同努力以实现世界行动纲领的各项目标。

161. 敦促所有国际组织和机构与残疾人组成的或代表残疾人的组织进行合作，并给予协助。

二、人权

162. 为实现国际残疾人年的主题——"充分参与和平等"强烈敦促联合国系统在其所有设施内消除障碍,确保残疾人可以充分与人沟通;并采取积极行动计划,其中包括关于鼓励整个联合国系统雇用残疾人的行政政策和办法。

163. 在考虑残疾人的权利时,应优先运用联合国各项公约及其他文件以及联合国系统其他国际组织保护所有人权利的公约和文件。

164. 联合国系统的有关负责编拟和执行可能对残疾人有直接或间接影响的国际协议、公约及其他文件的组织和机关,应确保这类文件充分考虑到残疾人状况。

165. 《国际人权公约》的缔约国在这些公约条款的执行情况报告中,应适当注意公约的规定对残疾人是否适用,都应适当注意公约缔约国的报告中这一方面的情况。

166. 可能存在某些特殊情况,阻碍残疾人行使公认为人人普遍享有的权利和自由的能力。联合国有关部门应对这一情况进行研究。

167. 处理残疾人问题的全国委员会或类似协调机关也应对这个问题加以注意。

168. 人权委员会应审议明显侵害基本人权的行为,以期采取相应的措施。

169. 应继续研讨实现国际合作以使人人包括残疾人在内,得享国际公认的基本权利的方法。

三、技术和经济合作

(a) 地域间援助

170. 发展中国家在调动足够的资源来满足他们的残疾人和千百万条件不利的人的需求方面越来越困难。因此,国际社会应根据上面第82、83两条,支持这些国家本身作出的努力,大大增加流向发展中国家的资源。

171. 所有同制订关系到残疾人的方案有关各方,都应作出更大努力,使本国政府了解从这些国际机构究竟可以得到什么支持。

172. 关于残疾人预防和康复方面的发展中国家技术合作和技术援助问题世界专家讨论会制订了《维也纳积极行动计划》,这一行动可以作为世界行动纲领范围内进行技术合作的指导方针。

173. 联合国系统内的一些组织，应与各国政府一道，探讨怎样才能给不同部门中现有的和规划中的项目增加一些照顾残疾人特殊需求和残疾预防的内容。

174. 应鼓励有关的所有国际组织，确保优先考虑会员国提出的协助他们按照其本国的优先次序进行残疾预防、康复和机会平等的工作的要求。

175. 在争取与各国政府合作以更好地为满足残疾人的需求服务的过程中，联合国各组织以及双边机构和私人机构都应紧密协调其投入，以有效地促进既定目标的实现。

176. 鉴于联合国大多数有关组织均已有具体责任，它们之间应有明确的责任分工，以响应联合国残疾人年和世界行动纲领提出的要求。

(b) 地域性的和双边的援助

177. 联合国各地域委员会和其他地域性机构应促进发展中国家间技术合作领域的活动，应促进残疾人组织的发展。

178. 应鼓励会员国与地域性机构和委员会合作，与残疾人组织和有关国际组织磋商，建立地域性或下一级机构、办事处，以增进残疾人的福利。

179. 捐助国应在自己双边和多边技术援助方案范围内，尽力解决如何满足会员国提出的关于残疾预防、康复和机会平等方面的援助要求。

四、宣传和公众教育

180. 联合国应不断开展活动，以加深公众对世界行动纲领各项目标的了解。

181. 参与同世界行动纲领有关的各个项目和方案工作所有机构，应不断努力从事对公众的宣传工作。

182. 联合国应在各有关专门机构合作下，利用多种传播媒介向传统媒介接触不到的人和不习惯使用这种媒介的人传达信息。

183. 国际组织应协助全国性机构和社区机构，通过提出课程设置建议和提供教材及有关世界行动纲领各项目标的背景资料，来制订各项公众教育方案。

D. 研究

184. 需要对有关残疾人问题的社会文化问题进行研究，以提出适合人生环境现实情况的办法。

185. 会员国应制订一项研究方案，研究缺陷和残疾原因、种类和发生率，研究残疾人的经济和社会状况，研究用于处理这些事项的现有资源状况及其有效程度。

186. 特别重要的是研究影响残疾人及其家属生活的社会、经济、参与问题以及社会处理这些问题的方式。

187. 还需要鼓励研制供残疾人使用的辅助器械和设备。

188. 联合国及其专门机构应注意国际上研究残疾及与此有关问题的发展趋势，重点是对世界行动纲领所建议的一切形式的行动都开辟创新的途径。

189. 联合国应鼓励并协助旨在提高对世界行动纲领所涉及问题的认识的研究项目。

190. 联合国的各地域委员会及其他地域性机构应将研究活动列入其行动计划，以协助各国政府执行世界的行动纲领。

191. 目前有必要制订各种方案，用医学、心理和社会方面的措施以减轻残疾人适应社会能力欠缺的问题。

192. 诸多领域的研究对发展中国家和发达国家都有价值。

193. 应当鼓励医疗保健和社会科学研究机构对残疾人进行研究并收集有关资料。

E. 监测和评价

194. 应当定期对有关残疾人的状况作出评估，并建立基准来衡量进展情况。

195. 联合国系统应定期对执行世界纲领的进展情况作出判定性的评价，并应与会员国磋商共同选定适当的评价指标。

196. 应要求各地域委员会履行监测和评价的职责，以有助于在国际范围进行的全球性评估。

197. 在国家一级，应定期对有关残疾人的各种方案作出评价。

198. 敦促联合国统计处与联合国其他部门、各专门机构和各地域委员会一起，与发展中国家合作，拟订出切实可行的数据收集制度。

199. 在这一广泛工作中，联合国社会发展和人道主义事务中心在联合国统计处的支持下，应起主要作用。

200. 秘书长应就联合国及其专门机构增加雇用残疾人并使它们的设施和信息资料能更多地为残疾人利用的情况，定期作出报告。

201. 根据定期评价的结果和世界经济及社会形势的发展，有必要定期修订世界行动纲领。这种修订应每五年进行一次，第一次修订于1987年进行，以秘书长向大会第四十二届会议提交的报告为根据。这种审查活动并应成为《联合国第三个发展十年国际发展战略》的审查和评价过程的一种投入。

残疾人机会均等标准规则

1993年12月20日联合国大会第四十八届会议第48/96号决议通过

导 言

背景和当前的需要

1. 在世界各地，在每个社会的各个阶层，都有残疾人的存在。全世界残疾人的数目相当大，而且还在增加。

2. 残疾人原因和后果，世界各地的情况各有不同。这种差异是不同社会经济环境的结果，也是各国在改善人民生活方面尚有差别的结果。

3. 目前的残疾政策是近200年来发展形成的。它在许多方面反映了不同时代的总体生活条件和社会及经济政策。但是在残疾领域，也有许多特殊的因素影响到残疾人生活条件。无知、忽视、迷信和恐惧都是一些社会因素，在整个残疾史上，这些因素使残疾人陷于孤立，并阻延了他们的发展进程。

4. 多年来，残疾政策从医疗机构的初级护理发展到残疾儿童的教育和对成年后致残者提供康复服务。通过教育和康复，残疾人在残疾政策的进一步发展方面成为更加积极推动力。成立了残疾人组织、残疾人家属和支持者的组织，为残疾人争取更好的条件。第二次世界大战以后，人们提出了融合和正常化的概念，这些概念反映了人们对残疾人自身的能力有了更大的认识。

5. 接近1960年代末期时，一些国家的残疾人组织开始拟订一个新的残疾人概念。这一新概念表明了残疾者个人遇到的限制不但与环境的设计和结构密切相关，而且也与人们的态度密切相关。与此同时，发展中国家的残疾人问题日益受到人们的注意。据估计，有些发展中国家的残疾人口比例非常高，而且大部分残疾人都极为贫穷。

此前的国际行动

6. 联合国和其他国际组织长期以来都十分重视残疾人的权利问题。1981年国际残疾人年最重要的成果是联合国大会1982年12月3日第37/52号决议通过的《关于残疾人的世界行动纲领》。国际残疾人年和《世界行动纲领》对这一领域的进展提供了强大的推动力。两者都强调残疾人有权享有与其他公民同样的机会，并且平等分享因社会和经济发展而改善的生活条件。另外还首次从残疾人与其环境之间的关系这个角度界定了障碍的定义。

7. 1987年，在斯德哥尔摩召开了联合国残疾人十年中期审查《关于残疾人的世界行动纲领》执行情况的全球专家会议。会上建议拟订一项指导原则，以指明今后几年的优先行动事项。这项原则的基础应是承认残疾人的权利。

8. 结果，该会议提请联合国大会召开一个特别会议以期拟定一项消除对残疾人的一切形式歧视国际公约草案，在十年结束之前提交各国批准。

9. 意大利编拟了此项公约的大纲初稿并提交大会第四十二届会议。后来，瑞典又在大会第四十四届会议上进一步提出关于公约草案的陈述。但是，在上述两届会议上，对于此项公约的适宜性均未能达成共识。许多代表认为，现有的人权文件似乎足以保证残疾人享有与其他人同样的权利。

标准规则的由来

10. 根据联合国大会的审议意见，经济及社会理事会在其1990年第一届常会上最后商定集中精力草拟出另一种国际文书。经社理事会1990年5月24日第1990/26号决议授权社会发展委员会在其第三十二届会议上考虑成立一个由自愿捐款提供经费的政府专家设不限成员名额工作组，与一些专门机构、其他政府间机构和非政府组织特别是残疾人组织一起密切合作，拟订关于残疾儿童、青年和成年人机会均等的《规则》。经社理事会还请社会发展委员会最后确定这些规则的案文，提供其在1993年审议，并提交联合国大会第四十八届会议。

11. 在联合国大会第四十五届会议上，大会第三委员会开展的讨论表明，人们普遍支持拟定《残疾人机会均等标准规则》的新倡议。

12. 在社会发展委员会第三十二届会议上，制定《规则》的倡议得到许多代表的支持，会议讨论通过了1991年2月20日第32/2号决议，其中委员会决定根据经济及社会理事会第1990/26号决议，成立一个特设不限成员名额工作组。

《残疾人机会均等标准规则》的宗旨和内容

13. 《残疾人机会均等标准规则》是根据联合国残疾人十年（1983～1992年）取得的经验拟订的。由《世界人权宣言》、《经济、社会文化权利国际盟约》和《公民权利和政治权利国际盟约》组成的国际人权宪章以及《儿童权利公约》、《消除对妇女一切形式歧视公约》和《关于残疾人的世界行动纲领》，是拟定本《规则》的政治和思想基础。

14. 本《规则》虽然不是强制性的，但如果为数众多的国家都本着尊重国际法规则的意向而付诸实施，那么即可成为国际惯例法。它意味着各国承担坚定的道义和政治责任，在残疾人机会均等方面采取行动。它提示了责任、行动与合作方面的重要原则，并且指明了对于生活质量和实现充分参与及平等具有决定性重要意义的领域。本《规则》为残疾人及其组织提供了决策和行动的手段。为各国、联合国及其他国际组织之间开展技术和经济合作提供了基础。

15. 本《规则》的宗旨是确保残疾男女和儿童，作为所在社会的公民，可行使与其他人同样的权利与义务。在世界各地的社会中，仍然存在使残疾人无法行使其权利和自由的障碍，因而使他们难以充分参与所在社会的各种活动。各国有责任采取适当的行动消除这些障碍。残疾人及其组织应在这一进程中作为参与伙伴发挥积极的作用。残疾人机会均等是对世界各国致力于调动人力资源的一个重要贡献。在这方面，尤其特别注意诸如下述这样的人口群体：妇女、儿童、老人、贫穷者、移徙工人、患双重或多重残疾的人、土著人和少数民族。此外，还有为数众多的残疾难民，对他们的特殊需要更应加以注意。

残疾政策的一些基本概念

16. 下述若干概念在这些《规则》中，反复出现。它们基本上是由《关于残疾人的世界行动纲领》内的那些概念演化而来。其中有些概念则反映了联合国残疾人十年期间的发展变化。

残疾与障碍

17. "残疾"一词概括地泛指世界各国任何人口出现的许许多多的各种功能上的限制。人们出现的残疾既可以是生理、智力或感官上的缺陷，也可以是医学上的状况或精神疾病。此种缺陷、状况或疾病有可能是长期的，也可能是过渡性质的。

18. "障碍"一词是指机会的丧失或受到限制，无法与其他人在同等基础上参与社会生活。"它"指的是患某种残疾的人与环境的冲突。使用此词的目的是着重强调环境中和社会上许多有组织活动诸如信息、交流和教育中的缺欠，使残疾人无法在平等基础上进行参与。

19. 上文第17和18段所确定的"残疾"和"障碍"两个词的这种用法是从现代残疾史中逐渐演化而来的。1970年代，残疾人组织的代表和残疾领域的专业人员很不赞成当时使用的术语。"残疾"和"障碍"这两个词在使用上往往含义不清和相互混淆，难以很好地指导决策和政治行动。该术语反映的只是医疗和诊断的观点，忽视了周围社会环境的不足和缺陷。

20. 1980年，世界卫生组织采用了一项国际缺陷、残疾和障碍分类，提出了一种更加准确同时又是相对论的方法。这一项国际缺陷、残疾和障碍分类〔世界卫生组织，《国际缺陷、残疾人障碍分类：有关疾病后果的分类手册》（1980年，日内瓦）〕。明确地把"缺陷"、"残疾"和"障碍"区分开来。该分类现已广泛用于康复、教育、统计、政策、立法、人口统计、社会学、经济学和人类学等领域。有些使用者表示关切，认为该分类对于障碍一词的定义仍可被视为太偏重于医学，太偏重于个人，也许不足以明确表示出社会状况或社会期望与个人能力之间的相互作用关系。在该分类即将修订的版本中将研讨这些关切以及该分类发表之后12年以来使用者先后表示的其他关切。

21. 根据《世界行动纲领》的实施经验以及在联合国残疾人十年期间展开的广泛讨论，人们对残疾问题及所用的术语深化了认识，拓宽了理解。目前使用的这些术语确认有必要既看到个人需要（诸如康复和技术辅助器材等），同时还应该看到社会环境的缺欠（阻碍参与的种种障碍。）

22. "预防"一词系指采取一些行动来避免出现生理、智力、精神或感官上的缺陷（初级预防）或防止缺陷出现后造成永久性功能限制或残疾（二级预防）。预防可包括许多类别的行动，诸好初级保健、产前产后的幼儿保健、营养学教育、传染病免疫运动、防治地方病的措施、安全条例、在不同环境中防止发生事故的方案，包括改造工作场所以防止职业残疾和疾病，预防由于环境污染或武装冲突而造成残疾。〔世界卫生组织《国际缺陷、残疾和障碍分类有关疾病后果的分类手册》（1980年日内瓦）〕。

康　复

23. "康复"一词系指达到下述目标的一个过程，它旨在残疾人达到和保持生理、感官、智力、精神和（或）社交功能上的最佳水平，从而使他们借助于某种手段，改变其生活，增强自立能力。康复可包括提供和（或）恢复功能、补偿功能缺失或补偿功能限制的各种措施。康复过程不包括初始的治疗。它包括范围广泛的措施和活动，从较为基本的和一般性的康复，到针对具体目标的活动，例如职业方面的恢复。

机会均等

24. "机会均等"一词系指使社会各系统和环境诸如服务、活动、信息和文件得以为所有人特别是残疾人享受利用的过程。

25. 同等权利的原则意味着每一个人的需要都具有同等重要性，这些需要必须成为社会规划的基础，必须适当地运用所有资源，确保每一个人都有同等的参与机会。

26. 残疾人是社会的成员，因而有权利留在其地社区之内，他们应能在一般的教育、保健、就业和社会服务的结构内获得所需要的支助。

27. 由于残疾人享有同等的权利，他们也负有同等的义务。既然获得同等权利，那么社会也应对他们提出较高的期望。作为同等机会进程的一部分，应该创造条件，便于残疾人承担其作为社会成员的充分责任。

序 言

各国，

铭记各国根据《联合国宪章》作出承诺，将与本组织进行合作，联合和分别采取行动，促进生活水平的提高、充分就业和经济及社会进步和发展创造条件。

重申《宪章》中宣布的人权、基本自由、社会正义和人格尊严和价值。

特别忆及《世界人权宣言》、《经济社会、文化权利国际盟约》《经济、社会、文化权利国际盟约》。和《公民权利和政治权利国际盟约》所规定的国际人权标准。

强调这些文书宣布，应确保所有个人不受歧视地一律享有文书中所确认的各项权利。

忆及《儿童权利公约》的规定，其中禁止基于残疾而加以歧视，并要求采取特别措施确保残疾儿童的各项权利，并忆及《保护所有移徙工人及其家庭成员权利国际公约》也规定了防止残疾人一些保护措施。也规定了防止残疾的一些保护措施，又忆及《消除以对妇女一切形式歧视公约》规定确保残疾女童和妇女的权利。第45/158号决议。

附件：

考虑到《残疾者权利宣言》第3447（xxx）号决议。、《智力迟钝者权利宣言》第2856（xxvi）号决议。、《社会进步和发展宣言》第2542（xxiv）号决议。、《保护精神病患者和改善精神保健原则》第46/119号决议，附件。以及大会通过的其他有关文件。

还考虑到国际劳工组织通过的有关公约和建议书，特别是关于残疾人不受歧视地参与就业的有关公约和建议书。

念及联合国教育、科学及文化组织、世界卫生组织、联合国儿童基金会和其他有关组织的有关建议和工作，特别是教科文组织的《普及教育世界宣言》，《普及教育世界会议的最后报告：满足基本学习需求，1990年3月5日至9日，泰国，宗甸》，机构间委员会（开发计划署、教科文组织、儿童基金会、世界银行）为普及教育世界会议编印，1990年，纽约，附录1。

考虑到各国出于保护环境所作出的承诺。

注意到武装冲突造成的破坏并对稀少的资源被用来生产武器深感遗憾。

认识到《关于残疾人的世界行动纲领》和其中关于机会均等的定义表明国际社会真诚希望使这些国际文书和建议得到实际而具体的实现。

确认联合国残疾人十年（1983~1992）实施《世界行动纲领》的目标仍然有效，仍需要采取紧急而持续的行动。

忆及《世界行动纲领》所依据的概念对发展中国家和工业化国家同样适用。

深信需要加强努力，使残疾人充分而平等地享有人权和参与社会。

再次强调残疾人和他们的父母、监护人、支助者和他们的组织必须作为国家的积极伙伴，参加规划和实施影响其公民政治、经济、社会和文化权利的所有措施。

遵照经济及社会理事会1990年5月24日1990/26号决议，并根据《世界行动纲领》详尽列举的为使残疾人达到与其他人平等所需的具体措施。

通过了以下所述的《残疾人机会均等标准规则》，以期：

（a）强调残疾领域的任何行动首先需要对残疾人的状况和特别需要取得足够的认识和经验；

（b）强调使社会组织的各个方面向所有人实现无障碍的过程是社会经济发展的一项基本目标；

（c）阐明残疾领域社会政策的重要方面，适当时还包括积极鼓励技术和经济合作；

（d）为实现机会均等所需的政治决策过程提供示范模式，其中考虑到各国的技术和经济水平尚有很大的差别，政治决策过程必须反映出对其所在的文化环境的深刻认识以及残疾人在其中的重要作用；

（e）提议各国建立机制，用以促进各国、联合国系统各机关、其他政府间机构和残疾人组织之间的密切合作；

（f）提议建立有效机制以监测各国努力实现残疾人机会均等的过程。

一、平等参与的先决条件

规则1. 提高认识

各国应采取行动，提高社会对残疾人及其权利、需要、潜能和贡献的认识。

1. 各国应确保主管当局向残疾人及其家属、向这一领域的专业人员和广大群众传播关于现有的方案和服务的最新信息。向残疾人提供信息应采取对他们无障碍的形式。

2. 各国应发起和支持关于残疾人和残疾政策的宣传运动，指明残疾人是具有与其他人同样权利和义务的公民，因此理应采取措施消除不利于充分参与的一切障碍。

3. 各国应促使传播媒介从积极方面描述残疾人；对于这一事项，应征求残疾人组织的意见。

4. 各国应确保公共教育方案在其所有方面均反映出充分参与和平等的原则。

5. 应邀请残疾人及其家属和组织参与有关残疾人事项的公共教育方案。

6. 各国应鼓励私营部门的企业在其活动的各个方面都考虑到残疾人问题。

7. 各国应发起和促进旨在提高残疾人对其自身权利和潜能的认识的方案。增强自立能力和活动能力将有助于残疾人利用其所得到的机会。

8. 提高认识应成为残疾儿童教育和康复方案中的一项重要内容。残疾人还可通过自己的组织所开展的活动在提高认识方面相互帮助。

9. 提高认识应作为对所有儿童进行教育的一个内容，并应作为教师培训课程和所有专业人员培训内容的一个组成部分。

规则2. 医疗护理

各国应确保为残疾人提供有效的医疗护理。

1. 各国应努力创造条件，开办由多学科专业人员对生理缺陷加以早期诊断、评估和治疗的方案。这可以防止、减轻或消除致残后果。此种方案应确保在个人级别有残疾人及其家属的充分参与以及在规划和评价级别有残疾人组织的充分参与。

2. 当地社区工作者应得到适当培训以便参与某些领域的工作，例如及早发现缺陷、提供初级协助和为其介绍适当的服务。

3. 各国应确保对残疾人特别是对幼儿和儿童，如同其他社会成员一样，在同一系统内向他们提供同样水平的医疗护理。

4. 各国应确保所有医务人员和护理人员都经过充分的训练，足以向残疾人提供医疗护理，确保他们有机会获得有关的治疗方法的技术。

5. 各国应确保对医务人员、护理人员以及有关人员进行适当培训，使他们不致向家长提出不妥当的建议，从而限制了其子女的治疗选择。此种培训应不断进行，而且应为之提供最新的信息。

6. 各国政府应确保残疾人获得他们所需的任何经常治疗和药品，以维持或改善他们的功能水平。

规则 3. 康复 康复是残疾政策中的一个基本概念，其定义见上文导言部分第 23 段。

各国应确保向残疾人提供康复服务，以使他们达到最佳的独立和功能水平。

1. 各国应为所有类别的残疾人制定国家康复方案。这些方案应考虑到残疾人实际需要并符合充分参与及平等原则。

2. 这些方案应包括广泛范围的活动，诸如为改进或弥补某项受损害的功能而提供的基本技能培训，对残疾人及其家属提供指导，培养自立能力以及不定期的服务，例如评估和指导。3. 需要康复的所有残疾人，包括重残疾和（或）多重残疾人应有机会获得康复治疗。

4. 残疾人及其家属应有参与设计安排涉及他们自己的康复服务。

5. 凡有残疾人居住的社区，均应可得到所有各种康复服务。但是，在某些情况下，为了达到某种特定训练目的，也可举办短期的特别康复训练班，适当时，可采取住宿形式。

6. 应鼓励残疾人及其家属参与康复工作，例如作为受过培训的教师、辅导员或咨询人员。

7. 各国在拟订或评价康复工作时，应吸取残疾人组织的专门知识。

规则 4. 支助服务

各国应确保为残疾人发展和提供支助服务，包括辅助性器材，帮助他们提高日常生活方面的独立能力和行使他们的权利。

1. 各国应根据残疾人的需要，确保提供各种辅助性器材设备，并提供个人服务和传译服务，作为实现机会均等的重要措施。

2. 各国应支持研制、生产、销售和维修各种辅助性器材并传播与其有关的知识。

3. 为了做到这一点，应利用普遍可以得到的专门技术知识。拥有高技术工业的国家应利用其技术潜力，提高辅助性器材和设备的标准和有效性。应鼓励研制和生产简单、价廉的器材，尽可能利用当地的材料和当地的生产设施。可让残疾人自己参与这些器材的生产。

4. 各国应认识到，所有需要辅助性器材的残疾人都应有机会获得对其适用的这种器材，包括获得所需的资金。这可能意味着免费提供或以残疾人或其家庭买得起的低廉价格提供辅助性器材和设备。

5. 各国提供辅助性器材和设备的康复方案，应在设计、耐久性和年龄适应性方面考虑到男女残疾儿童的特殊要求。

6. 各国应支持特别为重度残疾和或多重残疾者发展和提供个人服务方案和传译服务。这类方案可使残疾人更多地参与日常生活，参与家庭、工作学校的活动和娱乐活动。

7. 在设计个人服务方案时，应尽量由使用此种方案的残疾人对方案提供的方式起决定性的作用。

二、平等参与的目标领域

规则 5. 无障碍环境

各国应确认无障碍环境在社会各个领域机会均等过程中的全面重要性。对任何类别的残疾人，各国均应：(a) 采取行动方案，使物质环境实现无障碍；(b) 采取措施，在提供信息和交流方面实现无障碍。

（a）物质环境的无障碍

1. 各国应采取措施，消除物质环境中影响参与的障碍。此种措施应包括制定标准和准则，并考虑颁布立法，确保社会中各个方面实现无障碍环境，例如确保住房、楼房、公共交通服务和其他交通工具、街道和其他室外环境的无障碍。

2. 各国应确保建筑设计师、建筑工程师和参与物质环境设计和建造的其他专业人员充分了解残疾政策和实现无障碍的措施。

3. 物质环境的设计和建造应从设计过程一开始就将无障碍的要求考虑在内。

4. 在制定环境无障碍的标准和准则时，应征求残疾人组织的意见。在设计公共建筑项目时，还应从初始规划阶段就让当地的残疾人组织参与其事，从而确保最大限度的无障碍环境。（b）信息和交流的无障碍

5. 残疾人以及适当时包括他们的家属和支助者应能在各个阶段，无障碍地了解关于诊断结果、权利和可得到的服务和方案的充分信息。提供此种信息的形式应对残疾人无障碍。

6. 各国应制定办法使信息服务和各种文件做到对各种类别的残疾人均无障碍。应使用盲文、磁带、大字印刷和其他适当技术，使那些有视力缺陷的人无障碍地获得书面信息和文件。同样地，也应使用适当技术，使那些有听力缺陷或有理解困难的人无障碍地获得语言信息。

7. 应考虑在聋童教育中，在其家庭和社区中，使用手语。还应提供手语传译服务来使聋人和其他人之间方便交流。

8. 还应考虑到患有其他交流残疾人的需要。

9. 各国应该鼓励传播媒介，特别是电视、无线电和报纸，使其服务做到无障碍。

10. 各国应确保供一般公众使用的新的电脑化信息系统和服务系统一开始就使之可为残疾人无障碍地使用，或加以改造，使之可为残疾人无障碍地使用。

11. 在制定措施使信息服务无障碍方面，应征求残疾人组织的意见。

规则6. 教 育

各国应确认患有残疾的儿童、青年和成年人应能在混合班环境中享有平等的初级、中级和高级教育机会的原则。各国应确保残疾人教育成为其教育系统的一个组成部分。

1. 应由一般教育部门承担在混合班环境中对残疾人施行教育的责任。残疾人教育应成为国家教育规划、课程设计和学校安排的一个组成部分。

2. 普通学校的教育应创造条件，提供传译和其他适当支助服务。应为适应不同残疾人的需要而提供充分的无障碍环境和支助服务。

3. 应让家长团体和残疾人组织参与各个级别的教育过程。

4. 在实施义务教育的国家内，应向各种类别和不同程度残疾的男女儿童，其中包括重残儿童，提供义务教育。

5. 应对下述几类人给予特别关注：

（a）特别年幼的残疾儿童；

（b）学龄前残疾儿童；

（c）有残疾的成年人，特别是妇女。

6. 为在普通教育体系中安排为残疾人提供的教育，各国应：

（a）有明确的政策并使之得到学校和社会的广泛理解和接受；

（b）使教学课程可以灵活运用或作出适当的增补和修改；

（c）提供高质量的教材、经常性的教师培训和和辅助教员。

7. 应将混合班教育和以社区为基础的方案视作向残疾人提供有效的教育和培训的辅助方法。以社区为基础的国家方案应鼓励社区运用和发展本身的资源，在当地向残疾人提供教育。

8. 如一般学校系统尚未能充分满足所有残疾人的需要，则可考虑提供特殊教育。此种教育应力求为学生做好准备以接受一般学校系统中的教育。此种教育的质量反映出如同一般教育的同等标准和目标，并应与一般教育密切联系。至少，残疾学生应得到与非残疾学生同样多的教育资源。各国应力图使特殊教育服务逐步地融合于主流普通教育之中。人们承认，在某些情况下，目前可将特殊教育视为最适宜于某些残疾学生的教育形式。

9. 由于聋人和盲聋人在交流上的特别需要，也许应在聋人或盲人学校或普通学校中的特教班组为他们提供教育。特别在开始阶段，需要特别注重文化上敏感的课程，以期使聋人或盲聋人获得有效的交流技能和最大限度的独立。

规则 7. 就　　业

各国应确认残疾人须能在特别是就业领域享有人权的原则。无论在农村或在城市，他们必须在劳力市场上享有从事生产性有偿就业的同等机会。

1. 就业领域的法律和条例不应歧视残疾人，不应对他们的就业设置障碍。

2. 各国应积极支持残疾人参加公开的就业。可以通过各种措施实现这种积极支持，诸如职业培训、奖励性的定额办法、预留名额或分配就业、向小型企业发放贷款或补助金、向对雇用残疾工人的企业授予独家合同或优先生产权利、税收优惠、履约补贴或提供其他技术或财政援助。各国应鼓励企业雇主为安排残疾人工作做出合理的调整。

3. 各国行动方案应包括：

（a）采取措施，妥善设计和改造工作场所和楼房，使之对各种残疾人无障碍；

（b）支持使用新技术，研制和生产辅助器材、工具和设备，并采取措施，使残疾人能够获得这些器材和设备，以便他们能够获得和保持就业；

（c）提供适当的培训、安置和不间断的支助，如个人协助和传译服务。

4. 各国应发起支持旨在提高群众认识的宣传运动，务求消除对残疾工人的不良态度和偏见。

5. 各国以雇主身份，应为残疾人在公共部门的就业创造有利的条件。

6. 国家、工人组织和雇主应共同合作，确保公平的招聘和晋升政策、就业条件、工资标准、为防止工伤和损伤而改进劳动环境的措施以及对工伤者的康复措施。

7. 任何时候，目的都应是使残疾人能在公开的劳力市场上获得就业。对于无法在公开就业中满足需要的那些残疾人，组织小型的保护性或支助性就业形式也许是一种选择办法。重要的是，应评估此种方案的质量，看其有无重要作用，是否足以为残疾人提供机会以利于在劳力市场上获得就业。

8. 应采取措施使私营部门和非正规部门的培训和就业方案把残疾人包括在内。

9. 国家、工人组织和雇主应与残疾人组织共同合作，采取一切措施为残疾人创造培训和就业机会，包括为残疾人安排灵活性工作时间、非全日制工作、协作作业、自营职业和相应的照料。

规则 8. 维持收入和社会保障

各国有责任为残疾人提供社会保障和维持他们的收入。

1. 各国应确保向那些由于残疾或与残疾人有关的原因而暂时丧失了收入或减少了收入，或得不到就业机会的残疾人提供适当的收入支助。各国应确保在提供支助时把残疾人及其家庭由于残疾带来的经常性开支考虑在内。

2. 实行社会保障、社会保险或其他社会福利制度或正在为一般民众制定这类制度的国家，应确保这类制度不排除或歧视残疾人。

3. 各国还应确保为负责照顾残疾人的个人提供收入支助和社会保障制度的保护。

4. 社会保障制度应包括通过奖励手段来恢复残疾人挣取收入的能力。这类制度应提供或促进职业培训的举办，发展和资金筹措。社会保障制度还应协助安置工作。

5. 社会保障方案还应为残疾人求职提供奖励措施，以确立或重新确立他们挣取收入的能力。

6. 只要残疾状况仍然存在，就应继续提供收入支助，但此种支助不应达到使残疾人无心谋求职业的程度。只有当残疾人获得足够和可靠的收入后，才应减少或停止支助。

7. 在很大程度上通过私营部门提供社会保障的国家，应鼓励当地社区、福利组织和家庭制定自助办法或奖励措施，促使残疾人就业或从事与就业有关的活动。

规则 9. 家庭生活和人格完整

各国应促进残疾人充分参与家庭生活。各国应促进他们享有人格完整的权利，并确保法律在性关系、婚姻和做父母的权利方面不对残疾人有所歧视。

1. 应使残疾人能够与其家人一起生活。各国应鼓励在家庭咨询中包括关于残疾状况及其对家庭生活影响的适当内容。应向有残疾人的家庭提供临时护理和专门护理服务。各国应为希望收养或收养残疾儿童、残疾成年人者消除一切不必要的障碍。

2. 不得剥夺残疾人进行性生活、保持性关系和做父母的机会。考虑到残疾人在结婚和建立家庭方面会遇到困难，各国应鼓励向他们提供适当的咨询。残疾人必须享有与其他人同样的机会获得计划生育方法，以及无障碍地获得关于他们生理方面性功能的知识。

3. 各国应促进采取措施，改变社会上仍然普遍存在的对残疾人特别是对残疾少女和妇女的婚姻、性生活和做父母所持的消极态度。应鼓励传播媒介在消除这些消极态度方面发挥重要的作用。

4. 需要让残疾人及其家庭充分知道如何采取预防措施来防止性凌虐和其他虐待。残疾人在家庭、社区或院所中特别容易受到虐待。需要教育残疾人如何防止发生虐待，在发生虐待时认识到事实情况并报告发生这些行为的情况。

规则 10. 文　化

各国将确保促进残疾人得以在平等基础上参与或能够参加各种文化活动。

1. 各国应确保残疾人有机会发挥其创造能力以及艺术和智力潜能，不仅为了他们自己，而且还为了丰富他们所在的城乡社区。这类活动可包括舞蹈、音乐、文学、戏剧、造型艺术、绘画和雕塑。在发展中国家尤应强调传统的和当代的艺术形式，如木偶、朗诵和说故事。

2. 各国应促使各种文化表演和服务场所，诸如剧院、博物馆、电影院和图书馆，对残疾人开放并做到无障碍。

3. 各国应着手发展和运用一些特别技术安排，使残疾人可以无障碍地观赏文学、电影和戏剧等。

规则 11. 娱乐和体育活动

各国将采取措施，确保残疾人享有进行娱乐和体育活动的同等机会。

1. 各国应采取措施，使娱乐和体育活动场所、旅馆、海滩、运动场、体育馆等做到残疾人无障碍。这类措施应包括对娱乐和体育活动领域的工作人员提供支助，包括研究无障碍方法的项目以及参加、宣传培训方案。

2. 旅游局、旅行社、旅馆、自愿组织和从事安排娱乐活动或旅行的其他机构，应向所有人提供服务。同时考虑到残疾人的特殊需要，应进行适当的培训以促进这一进程。

3. 应鼓励体育组织为残疾人提供参加体育活动的机会。有些情形中，无障碍措施足可以提供参与机会。但在某些情况下，仍需要作出特别的安排或举行特殊的运动会。各国应支持残疾人参加全国的或国际的体育活动。

4. 参加体育活动的残疾人应有机会获得与其他参加者同样质量的辅导和培训。

5. 在发展面向残疾人的服务时，体育和娱乐活动的组织者应与残疾人组织进行协商。

规则12. 宗教

各国将鼓励采取措施，以促进残疾人平等参与所在社区的宗教活动。

1. 各国应与宗教当局磋商，促使采取措施，消除歧视，使残疾人能够无障碍地参加宗教活动。

2. 各国应鼓励向宗教机构和组织分发有关残疾事项的信息。各国还应鼓励宗教当局在宗教职业的培训和宗教教育方案中包含关于残疾政策的情况介绍。

3. 各国还应鼓励使感官缺陷者能够无障碍地阅读宗教书刊。

4. 在制定平等参与宗教活动的措施时，各国和（或）宗教组织应与残疾人组织进行协商。

三、执行措施

规则13. 信息和研究

各国承担收集和散播有关残疾人生活状况信息的最终责任并促进对各个方面包括对影响残疾人生活的障碍的综合研究。

1. 各国应定期收集按性别分类的有关残疾人生活状况的统计数字和其他资料。这类数据的收集可与国家人口普查和户口调查同时进行，可在大学、研究所和残疾人组织的密切合作下进行。数据收集应包括关于方案和服务及其使用情况的问题。

2 各国应考虑建立关于残疾人的数据库,其中包括关于有服务和方案及不同类别残疾人的统计数字。应牢记需要保护个人隐私和人格尊严。

3. 各国应发起支持和影响残疾人及其家庭的生活的社会、经济和参与问题而开展的研究方案。此种研究应包括关于致残原因、残疾种类和发生率、现有方案的利用及其有效性、发展及评估服务和支助措施的必要性等。

4. 各国应在残疾人组织的合作下,制定和采用供进行全国性调查的术语和标准。

5. 各国应促进残疾人参加数据收集和研究。为进行此种研究,各国应特别鼓励聘用合格的残疾人。

6. 各国应支持交流研究成果和经验。

7. 各国应采取措施,向国家、区域和当地范围内各级政治和行政机构散播关于残疾的信息和知识。

规则14. 决策和规划

各国将确保将残疾人问题包括在各种有关的决策和国家规划之内。

1. 各国应在国家一级为残疾人提出和规划适当的残疾人政策,并鼓励和支持各区域和地方采取行动。

2. 各国应让残疾人组织参与决定涉及残疾人的计划和方案或影响其经济和社会地位的所有决策过程。

3. 应将残疾人的需要和考虑纳入总体规划中,不要将之单独处理。

4. 国家对残疾人状况承担最终责任并不意味着解除其他人的责任。应鼓励负责在社会上提供各种服务、活动或信息的各方面人士承担向残疾人提供此类方案的责任。

5. 各国应促进当地社区为残疾人制定方案和措施。办法之一是编印有关措施的手册或一览表,以及为地方工作人员提供培训。

规则15. 立 法

各国有责任为实现残疾人充分参与和实现平等目标的措施建立法律基础。

1. 涉及公民权利与义务的国家立法应列有残疾人的权利与义务。各国有义务使残疾人能够在与其他公民平等的基础上行使其各种权利,包括人权、公民权利和政治权利在内。各国必须确保残疾人组织参与制定有关残疾人权利的国家立法，参与对这种立法的不断评估。

2. 可能需要采取立法行动来消除影响到残疾人生活的不利条件，包括骚扰和侵害。必须消除对残疾人的任何歧视性规定。国家立法对违反不歧视原则的情况应规定适当的制裁。

3. 国家关于残疾人的立法可采取两种不同的形式。可以在一般立法抑或在专门立法中列入残疾人的权利与义务。可采取以下几种方式确立关于残疾人的专门立法：

（a）颁布专门处理残疾事项的单独立法；

（b）把残疾事项列入特定主题的立法中；

（c）在用以解释现有立法的文件中特别提及残疾人。

最好是将上述几种办法结合起来。也可考虑制订促进平等的特别行动条款。

4. 各国可考虑建立正式法律投诉机制以保护残疾人的利益。

规则 16. 经济政策

各国在财政上有责任承担为残疾人创造平等机会的国家方案和措施。

1. 各国应将残疾事项列入所有国家、区域和地方政府机构的经济预算之内。

2. 国家、非政府组织和其他有关机构应相互联系，确定最有效的方法来支持有关残疾人的项目和措施。

3. 各国应考虑采取一些经济措施（贷款、免税、专项补助金、特别基金等），鼓励和支持残疾人平等参与社会之中。

4. 在许多国家，似可设立残疾人发展基金，用以资助基层一级的各种试点项目和自助方案。

规则 17. 工作协调

各国负责成立和加强国家协调委员会或类似的机构，作为本国主管残疾人事项的协调中心。

1. 国家协调委员会应作为常设机构并应有法律和适当的行政条例作为基础。

2. 委员会中同时有私人组织和公共组织的代表参加才最有可能实现跨

部门和多学科的人员构成。可由有关的政府各部、残疾人组织和非政府组织指派代表。

3. 残疾人组织在国家协调委员会中应具有相当的影响力，以确保适当反馈其关心的问题。

4. 国家协调委员会在决策能力方面应具有履行其职责的充分的自主权利和资源。国家委员会应向最高政府级别报告工作。

规则 18. 残疾人组织

各国应确认残疾人组织在国家、区域和地方各级均拥有代表残疾人的权利。各国还应承认残疾人组织在残疾事务决策中的咨询作用。

1. 各国应在资金上以及其他方面鼓励和支持建立和加强残疾人组织、残疾人家属和（或）支持者的组织。各国应承认，这些组织在制定残疾政策中应起到一定作用。

2. 各国应同残疾人组织建立经常的联系并确保这些组织参与政府政策的制定。

3. 残疾人组织的作用可以是查明需要和优先事项，参与规划、执行和评价与残疾人生活有关的服务措施，促进公众的认识和大力推动改革。

4. 作为自助的手段，残疾人组织可提供和促进各领域发展技能的机会，促进成员之间的相互支持和信息交流。

5. 残疾人组织可通过多种渠道发挥其咨询作用，诸如在政府提供资金的机构的管理委员会中派有常设代表，参加公共部门委员会以及对有关的项目提供专家知识。

6. 残疾人组织的咨询作用应是经常性的，以便发展和深化国家与残疾人组织之间的意见和信息交流。

7. 国家协调委员会或类似的机构中应有残疾人组织的常设代表。

8. 应发展和加强地方残疾人组织的作用，以确保其对社区一级事务的影响。

规则 19. 人员培训

各国负责确保对从事规划和提供有关残疾人的方案和服务的各级人员进行适当的培训。

1. 各国应确保在残疾人领域提供服务的所有当局都对其人员进行适

当的培训。

2. 在残疾人领域专业人员的培训中以及一般培训方案中提供关于残疾的信息时，均应适当体现出充分参与及平等的原则。

3. 各国应与残疾人组织协商制定培训方案，应邀请残疾人作为教师、辅导员或顾问参加工作人员的培训方案。

4. 社区工作人员的培训具有极大的战略意义，特别是在发展中国家。这类培训应吸收残疾人参加，其内容应包括树立新的观念，培养工作能力和技术，以及适宜于残疾人，其父母、家庭和社区成员实际应用的技能。

规则 20. 在执行《标准规则》过程中国家对残疾方案的监测和评价

各国负责不断监测和评价有关残疾人机会均等的国家方案和服务的执行情况。

1. 各国应定期和系统地评价国家残疾方案并散播评价的基准和结果。

2. 各国应为评价有关残疾的方案和服务制定和颁布一套术语和标准。

3. 应从最初酝酿和规划阶段就与残疾人组织密切合作来制定这些标准和术语。

4. 各国应参加国际合作，以便为国家残疾领域的评价工作制定共同的标准。各国应鼓励国家协调委员会也参加这种国际合作。

5. 残疾领域各项方案的评估在方案规划阶段就应考虑在内，以便可以对其实现政策的目标的总体有效性作出评估。

规则 21. 技术和经济合作

各国，无论是工业化国家还是发展中国家，均有责任开展合作和采取措施，改善发展中国家残疾人的生活条件。

1. 应将实现包括残疾难民在内的残疾人机会均等的措施纳入总体发展方案。

2. 必须将这些措施纳入所有形式包括双边和多边、政府和非政府的技术和经济合作之中。各国在与对应方讨论这类合作时，应提出残疾问题。

3. 在规划和评价技术和经济合作方案时，应特别注意这类方案对残疾人境况的影响。特别重要的是，为残疾人设计的任何发展项目，均应征求残疾人和残疾人组织的意见。应让残疾人及其组织直接参与这类项目的制定、实施和评价。

4. 技术和经济合作的优先领域应包括：

（a）在人力资源的开发中发展残疾人的技能、能力和潜能，开展为残疾人创造就业和残疾人自己创造就业的活动；

（b）发展和推广与残疾人有关的技术和专门知识。

5. 也应鼓励各国支持成立和加强残疾人组织。

6. 各国应采取措施，使管理技术和经济合作方案的各级人员加强对残疾问题的认识。

规则 22. 国际合作

各国将积极参加涉及残疾人机会均等政策的国际合作。

1. 各国应在联合国、其各专门机构和其他有关的政府间组织范围内，参与制定残疾政策。

2. 在关于标准、信息交流、发展方案等内容的一般谈判中，各国应酌情提及有关残疾方面的问题。

3. 各国应鼓励和支持下述组织机构或个人之间交流知识和经验：

（a）与残疾问题有关的非政府组织；

（b）残疾问题的研究机构和研究人员；

（c）残疾领域外地方案代表和专业团体的代表；

（d）残疾人组织；

（e）国家协调委员会。

4. 各国应确保联合国及其各专门机构以及所有政府间机构及各国议会间机构在全球和区域级别把全球和区域残疾人组织纳入其工作范围。

四、监测机制

1. 监测机制的目的是推动《规则》的有效实施，帮助每一国家评估《规则》的执行水平，估量执行进度。此机制应查明所遇障碍，提出有助于成功实施《规则》的适当措施。监测机制将承认个别国家现有的经济、社会和文化特点。提供咨询意见和在国与国之间交换经验和资料将是一个重要内容。

2. 应在社会发展委员会各届会议的范围内对《规则》进行监测。必要时可利用预算外资源，任命一名在残疾问题上和国际组织中具有丰富经验的特别报告员，任期三年，负责监测《规则》的执行。

3. 应提请在经济及社会理事会具有咨商地位的国际残疾人组织和代表那些尚未建立自己的组织的残疾人的组织在它们当中创立一个专家小组，以便特别报告员和适当时也使秘书处得以征求咨询意见。专家小组的组成应由残疾人组织占大多数并应考虑到不同种类的残疾和必要的公平地域分配。

4. 特别报告员可请专家小组就《规则》的促进、执行和监测，进行审查、提出意见和提供反馈及建议。

5. 特别报告员应向各国、联合国系统内各实体以及政府间组织和非政府组织包括残疾人组织，寄发一份调查问卷。调查问卷应包括询问各国关于《规则》的执行计划。问卷所提问题应经过精选，并应涵盖拟予深入评价的一些具体规则。在编拟问题时，特别报告员应征求专家小组和秘书处的意见。

6. 特别报告员应不仅与各国政府而且与一些地方非政府组织建立直接联系，征求它们对拟录入报告内的任何资料的看法和意见。特别报告员应就《规则》的执行和监测提供咨询服务，并协助编写对调查问卷的答复。

7. 作为联合国残疾问题协调中心的秘书处政策协调和可持续发展部，以及联合国开发计划署、联合国系统内的其他实体和机构诸如各区域委员会、各专门机构和机构间会议，应在《规则》在国家一级的执行和监测方面与特别报告员合作。

8. 特别报告员应在秘书处的协助下，编写提交社会发展委员会第三十四届和第三十五届会议的报告。在编写这些报告时，报告员应与专家小组协商。

9. 各国应鼓励国家协调委员会或类似机构参加执行和监测工作。作为国家一级残疾事项的协调中心，应鼓励它们建立程序，用以协调对《规则》的监测。应鼓励残疾人组织积极参与各个级别的监测过程。

10. 如能得到预算外资源，应设立一个或多个《规则》区域间顾问职位，以便向各国提供直接的服务，其中包括：

（a）就《规则》的内容举行国家或区域范围的培训研讨会；

（b）制定准则，以帮助拟订执行《规则》的战略；

（c）散发关于执行《规则》的最佳做法的资料。

11. 社会发展委员会在其第三十四届会议上应建立一个不限成员名额工作组，审查特别报告员提出的报告，并就如何改进《规则》的适用提出建议。为审查特别报告员的报告，委员会应通过其不限成员名额工作组，根据经济及社会理事会职司委员会议事规则第71条和第76条，征求国际残疾人组织和一些专门机构的意见。

12. 在特别报告员任期届满后的一届会议上，社会发展委员会应研讨展延其任期的可能性，或者任命一位新的报告员，或者考虑另一监测机制；并应就此问题向经济及社会理事会提出适当建议。

13. 应鼓励各国向联合国残疾人自愿基金提供捐款，以利于推动《规则》的执行。